Susanne Pröschel

Dürer & Co.

Praktische Anregungen für den Kunstunterricht in der Grundschule

Band 1

Auer Verlag GmbH

Gedruckt auf umweltbewusst gefertigtem, chlorfrei gebleichtem
und alterungsbeständigem Papier.

1. Auflage. 2003
Nach der Neuregelung der deutschen Rechtschreibung

Satz: Fotosatz H. Buck, Kumhausen
Druck und Bindung: Ludwig Auer GmbH, Donauwörth
ISBN 3-403-0**3726**-6

Inhaltsverzeichnis

Eine Reise in die Vergangenheit ...

Für Kinder liegen bei Eintritt in die Grundschule alle Ereignisse, die als früher bezeichnet werden, so dicht beieinander, dass sie in der Regel nicht sagen können, ob einhundert, fünfhundert oder vielleicht sogar eintausend Jahre zwischen verschiedenen Epochen liegen. Um den Kindern Möglichkeiten zu geben, geschichtliche Ereignisse in einen zeitlichen Rahmen zu setzen, wollen wir Ihnen hier einige Hilfen anbieten. Mit diesen Unterrichtsideen soll das Verständnis für zurückliegende Dinge, das Begreifen großer Zeitspannen und das Einordnen der eigenen Person innerhalb des Wandels der Zeit angebahnt werden.
Mit sachkundlichen Themen wie „Das Leben früher und heute" oder „Wir sammeln Informationen zur Geschichte unseres Heimatortes" werden die Kinder in der Grundschule allmählich an frühere Epochen herangeführt. Wichtig ist, die Vorstellungsebene der Kinder durch genügend Anschauungsmaterial zu unterstützen: zum Beispiel durch Bilder, einen Besuch im heimatkundlichen Museum, durch den ein oder anderen Film oder durch Texte und Gegenstände. Viele Kinder haben vielleicht bereits auch schon ein Vorwissen, vom Familienausflug zu einer Ritterburg o. Ä., das Sie natürlich in den Unterricht miteinbeziehen sollten.
Je umfangreicher das Bildmaterial zu einer Epoche ist, desto besser können die Kinder nachvollziehen, warum „Künstler" zu diesem Zeitpunkt so und nicht anders arbeiteten.
Je nachdem, wie sehr sich die Kinder für das Thema „Mittelalter" interessieren, können Sie ein solches Thema auch zu einem Projekt ausweiten.

... mit unserer Zeitreisemaschine

Eine solche Maschine können Sie mit den Kindern oder auch mit Eltern, Kollegen und Freunden zusammen aus alten Kartons, Schachteln, Toilettenpapierrollen usw. basteln und bekleben. Sie soll den Kindern helfen, den für sie schwer vorstellbaren Zeitsprung in andere Jahrhunderte zu bewältigen.

Für die Zeitreise treffen sich alle in einem Sitzkreis. Den Beginn der Zeitreise können Sie akustisch durch Mediationsmusik und einen abgedunkelten Raum unterstützen. Anschließend stellen die Kinder auf ihrer Zeitmaschine Ort und Zeitpunkt ein, zu dem sie in die Vergangenheit reisen möchten. Natürlich reicht eine solche Maschine nicht aus, um den Kindern eine Vorstellung vergangener Zeiten zu geben. Sie dient uns sozusagen als Startschuss, der den Kindern signalisiert, sich nun auf die Vergangenheit einzustellen.
Für die Zeitmaschine haben wir folgende Materialien gesammelt und verwendet:

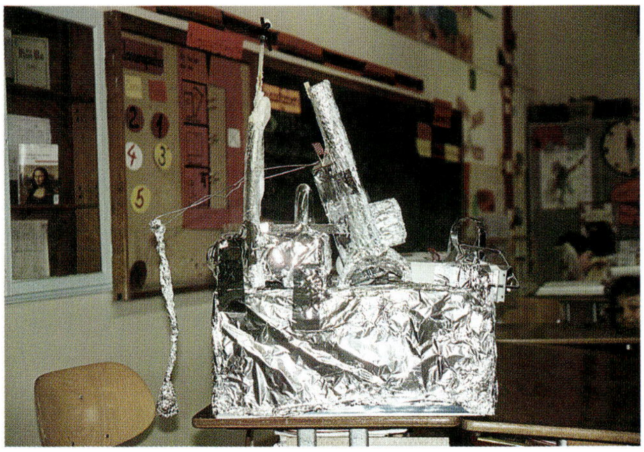

Alu-, Frischhaltefolie, Kartons in verschiedenen Größen (Chipstonnen aus dem Großhandel, Waschmittelbehälter usw.), Verpackungsmaterialien, Toilettenpapierrollen, Drähte, Korken, Kronkorken, Styropor ..., Klebstoff, Klebeband, Schnur.
Das vorhandene Material ist allein schon so motivierend, dass von Seiten der Erwachsenen (Eltern oder Lehrer) in einer dritten und vierten Klasse kaum Hilfestellung erforderlich ist. In der ersten und zweiten Jahrgangsstufe haben wir die von den höheren Klassen bereits fertig gestellte Zeitreisemaschine eingesetzt. Der Bau einer eigenen ist aber auch hier nicht ausgeschlossen.

... anhand der Zeitleiste

Ab der dritten Klasse wird im Fach Mathematik der Zahlenraum bis 1000 erweitert. Hier wird meistens von den Kindern ein Zahlenstrahl gebastelt, den Sie vergrößert im Klassenzimmer aufhängen können. An diesem Zahlenstrahl, den Sie bitte auf dreitausend erweitern, können Sie bei Ihrer Zeitreise langsam „rückwärts" gehen, um den Kindern so die Zeit zu verdeutlichen, in der die dementsprechende Kunstepoche stattfand. Auf dieser Zeitleiste können Sie jeweils Bilder der Künstler und deren Gemälde/Kunstwerke befestigen. Auf diese Weise gewinnen die Kinder allmählich einen ersten Überblick über die verschiedenen Kunststile und die typischen Merkmale einzelner Epochen.
Auch mit der Zeitleiste können Sie mit den Kindern die Reise in die Vergangenheit antreten – ähnlich wie mit der Zeitreisemaschine: Während die Kinder im Sitzkreis um die Leiste herum Platz genommen haben, kann der Lehrer oder auch ein Kind mit einem Zeigestock langsam nach unten „wandern". Hier können Sie an bereits bekannten Stationen der Vergangenheit anhalten und diese Ereignisse wiederholen.

… mittels Bildmaterial

Gerade für Unterrichtsstunden, die sich mit vergangenen Epochen beschäftigen, ist ein ausreichendes Angebot an Bildern, Fotos und eventuell auch Gegenständen unbedingt erforderlich, denn diese können den Kindern die Vorstellung von der Zeit erleichtern. Dass es vor fünfhundert Jahren noch keine Autos, Computer, Fernseher, Radios und Haushaltsgeräte gab, ist nicht für alle Grundschulkinder selbstverständlich.
Entsprechende Bilder sind nicht allzu schwer zu beschaffen: Heimat- und Sachkundebücher, themenorientierte Kinderatlanten, Fotos aus Zeitungen, Lexika usw. sind unerschöpfliche Quellen.
Zu bestimmten Themen können Sie sich auch von Ihrer Stadtbücherei ein Medienpaket zusammenstellen lassen.

… auf einem Kostümfest

Da Kinder sich gerne verkleiden und in andere Rollen schlüpfen, muss es nicht nur am Rosenmontag sein, dass Kinder in die Altkleiderkiste ihrer Eltern greifen.
Mit einfachen Mitteln – alten Bettlaken, Stoffresten, Papier, Pappe, Styropor, Draht usw. – kann man die fantasievollsten Kostüme entwerfen: Ein Minnefräulein (alte Schultüte, Stoffreste für den Schleier …) ist wirklich nicht schwierig zu improvisieren.
Auch als motivierender Einstieg bieten sich solche schnell anzufertigenden Kostüme an.

… durch Museumsbesuche

Falls sich in Ihrer Nähe ein heimatkundliches Museum oder eine Bildergalerie mit Gemälden früherer Epochen befindet, so nutzen Sie die Gelegenheit für einen Besuch dorthin, um die Kinder auf die Begegnung mit der Vergangenheit einzustimmen.

… mithilfe von Filmen, Dias und Videos

Die Landesbildstellen bieten eine umfangreiche Auswahl an Medien zu den verschiedensten mittelalterlichen Themen an. Gerade die visuelle Begegnung mit einer neuen, unbekannten Epoche hilft den Kindern in ihrer Vorstellung von dieser Zeit.

… wird begleitet durch entsprechende Lektüren

Auf dem Buchmarkt finden sich für alle Themen passende Bücher, die Sie begleitend mit den Kindern lesen können. Einige Beispiele haben wir hier für Sie zusammengestellt:

- Arnold, Marliese: Leselöwen-Ritterburgengeschichten. 2001
- Brezina, Thomas: In der Ritterburg. Dein großes Abenteuer. 1998
- Ein Tag im Leben eines Bildhauers. 1996
- Ein Tag im Leben einer Burgherrin. 1996
- Heuck, Sigrid: Der Ritter und die Geisterfrau. 2000
- Holler, Renee: Gefahr für den Kaiser. Ein Ratekrimi aus dem Mittelalter. 2002
- Jeier, Thomas: Der grüne Ritter. 1996
- Jones, Terry: Der Ritter und seine Knappen. 1999
- Lampe, Rolf H.: Die Spur der eisernen Reiter. 2001
- Lassert, Ursula: Die Menschen damals. Im Mittelalter. 2000
- Limmroth, Manfred: Die Abenteuer des kleinen Ritter Robertino. 1998
- Linker, Christian: Ritter für eine Nacht. 1999
- Rodik, Belinda: Drachen vor Köln. 2001
- Rodik, Belinda: Rittergeschichten. 2001
- Scieszka, Jon: Die Ritter der Küchentischrunde. 1995
- Sutcliff, Rosemary: Randal, der Ritter. 2000[3]
- Salley, Victoria und Andrea Ferraro (Illu.): Das Ritterleben auf Burg Löwenfels. 2001
- Siegfried, Anita, Jörg Müller (Illu.) und Jürg E. Schneider: Auf der Gasse und hinter dem Ofen. Eine Stadt im Spätmittelalter. 1995
- Wiesner, Heinrich: Jaromir bei den Rittern. Ein Schülerroman. 2001[6]
- Wiesner, Heinrich: Jaromir in einer mittelalterlichen Stadt. 1990
- Zitelmann, Arnulf: Unter Gauklern. Abenteuerroman aus dem Mittelalter. 2001

Albrecht Dürer

Ein Repräsentant des Spätmittelalters

1. Zur Sachanalyse

Albrecht Dürer, der berühmte, aus Nürnberg stammende Maler, soll hier stellvertretend die Kunst des Mittelalters repräsentieren. Ganz genau genommen sprechen wir hier von dem sogenannten Spätmittelalter, also der Epoche zwischen Ende des 13. und Mitte des 16. Jahrhunderts. Diese Zeit war geprägt von der in ganz Europa wütenden Pest, Martin Luther und der Reformation, der Krönung Kaiser Karls V. und dem Bauernkrieg (1524–1526).
Albrecht Dürer zählt zu den berühmtesten deutschen Maler der Geschichte. Er selbst dokumentierte sein Leben in vielen Tagebüchern, Briefen und Notizen, sodass wir über ihn, seine Karriere und seine Werke bestens informiert sind.
Dürers Familie stammte ursprünglich aus Ungarn. Sein Vater, ein recht bekannter Goldschmied, siedelte 1455 nach Nürnberg, eine der wohlhabendsten Städte des Mittelalters, um, da sich dort zur damaligen Zeit die Hochburg der Edelmetallverarbeitung befand. 1471 wurde Albrecht als drittes von achtzehn Kindern geboren. Der Familientradition folgend wurde Albrecht zum Goldschmied ausgebildet. 1486 begann er seine Ausbildung zum Maler in der Werkstatt eines der bekanntesten Nürnberger Maler, Michael Wolgemut. In diesen Jahren beschäftigte sich der junge Dürer vor allem mit der Technik des Holzschnittes. Nach Abschluss seiner Lehrzeit reiste Dürer vier Jahre durch Deutschland und Frankreich, um verschiedene berühmte Künstlerwerkstätten sowie bekannte Bauwerke und Gemälde zu besuchen. 1494 heiratete er eine Frau aus einer ebenfalls sehr bekannten Nürnberger Goldschmiedefamilie: Agnes Frey. Seine Reiselust, seine Wissbegierde und sein Interesse an Malerei trieben Albrecht Dürer bereits im folgenden Jahr auf die nächste Studienreise nach Italien. Er entdeckte seine Vorliebe für Porträtmalerei und für die Darstellung des menschlichen Körpers. Einer der einflussreichsten deutschen Fürsten, Kurfürst Friedrich von Sachsen, gab ab 1496 zahlreiche Gemälde und Porträts bei Dürer in Auftrag. Noch keine dreißig Jahre alt, war Albrecht Dürer schon zum bekanntesten und (auch finanziell!) erfolgreichsten deutschen Maler geworden. Seine zweite Studienreise nach Italien unternahm Dürer zwischen 1505 und 1507. Er studierte vor allem die Kunst der perspektivischen Malerei, ein Novum, das damals noch nicht jeder Künstler beherrschte. Während dieser zweiten Italienreise traf Dürer (sehr wahrscheinlich) mit Leonardo da Vinci zusammen. Beide Maler weisen viele Gemeinsamkeiten in ihren Werken auf. Wie Leonardo beschäftigte sich auch Dürer mit der Natur, Tierdarstellungen und dem Aufbau und der Schönheit des menschlichen Körpers. 1513 begann Albrecht Dürers Arbeit für den Hof des Kaisers Maximilian I. Neben vielen Porträts, Holzschnitten, Goldschmiedearbeiten und architektonischen Entwürfen entstanden zu dieser Zeit auch einige seiner berühmtesten Buchillustrationen.
In den letzten Jahren seines erfolgreichen Lebens beschäftigte sich Albrecht Dürer fast ausschließlich mit seinen theoretischen Abhandlungen zur Lehre über die vier Körpersäfte und zur Proportionsaufteilung des menschlichen Körpers. Am 6. April 1528 starb Albrecht Dürer mit erst 57 Jahren und wurde in Nürnberg beigesetzt. Sein umfangreiches Gesamtwerk – heute auf die größten und berühmtesten Museen der Welt verteilt – umfasst ca. 70 Ölgemälde, 1000 Zeichnungen, 100 Kupferstiche, 250 Holzschnitte, zahlreiche Aquarelle und architektonische Entwürfe.

2. Zur didaktischen Analyse

Die Vielseitigkeit des Gesamtwerkes Albrecht Dürers wird in dieser Unterrichtseinheit deutlich:

- Die Kinder sollen die Schrift des ausgehenden Mittelalters kennen lernen und dabei darauf aufmerksam gemacht werden, dass der Buchdruck gerade erst erfunden worden war und außerdem nur die wenigsten Menschen lesen konnten. Hierzu wird den Kindern eine Schrift angeboten, die während der Hochgotik entstand. Es ist insbesondere eine Schrift, die für religiöse Zwecke gebraucht wurde. Gotische Großbuchstaben gibt es in vielen verschiedenen Formen. Das Alphabet auf Seite 14 besteht aus ziemlich einfachen gotischen Buchstaben, das auf der Seite 15 ist den historischen Vorbildern noch sehr nah.
- Die Kinder sollen erste Informationen zu dem Begriff der Restauration erhalten und diese an einem Bild Albrecht Dürers „ausprobieren“.
- Aus Dürers graphischem Werk lernen die Kinder auch das Bild seines berühmten Hasens kennen.

3. Verlaufsplanung (3. und 4. Jahrgangsstufe)

3.1 Albrecht Dürer zeigt uns seine Schrift

Kunstbetrachtung: Die gotische Schrift

Technik: Tuschezeichnung

Material:
- Zeitmaschine
- „Mittelalterliche Stadtansicht"(s. S. 12)
- „Mittelalterliches Haus" (s. S. 13)
- „Albrecht Dürer" als Folie (s. S. 11)
- Tonbandaufnahme (vgl. S. 7)
- „Dürers Gebetbuch" als Folie (s. S. 16)
- Kopiervorlage „Die gotische Schrift" (s. S. 14 f.), ggf. vergrößern
- schwarze Filzstifte oder Tuschfedern/ Pinsel
- schwarze Tusche/schwarze Wasserfarben
- schwarzes Tonpapier, Butterbrotpapier (Pergamentpapier)
- Arbeitsblatt „Albrecht Dürer" (s. S. 21)

3.1.1 Einstieg

Die Kinder „reisen" mittels Zeitmaschine in das Mittelalter (s. auch S. 4).
Die Tafel wird geöffnet: Die Ansicht einer mittelalterlichen Stadt wird gezeigt.
Die Kinder können sich dazu äußern.

Lehrererzählung:
Wir befinden uns heute in Nürnberg. Mit unserer Zeitreisemaschine reisen wir nun weiter in ein Haus, Verzeihung, in ein ganz bestimmtes Haus.
Das Bild des mittelalterlichen Hauses wird präsentiert.
Dort wird uns gleich ein Mann die Tür aufmachen. Wundert euch nicht, er trägt nämlich die typische Kleidung von damals und da er auf unseren Besuch schon gewartet hat, trägt er heute sogar seine Festtagskleidung.
Auch damals schon legte man auf gutes Benehmen großen Wert und ich möchte natürlich nicht, dass dieser Mann denkt, heutzutage hätten Kinder kein gutes Benehmen mehr, also begrüßt diesen Mann bitte höflich mit seinem Namen, er heißt Herr Dürer!
Das Bild von Albrecht Dürer wird den Kindern mit dem Overheadprojektor gezeigt.
Dann wird eine Tonbandaufnahme mit einigen Informationen zu Albrecht Dürer abgespielt:
Guten Tag! Ich heiße Albrecht Dürer und wohne in Nürnberg. Zur Zeit arbeite ich gerade an einem Buch für den Kaiser Maximilian. Ich weiß nicht, ob ihr in der Schule schon davon gehört habt, dass man in meiner Zeit, dem sogenannten Mittelalter, ganz anders geschrieben hat, als ihr es kennt. Mal ganz abgesehen davon, dass zu meiner Zeit sowieso nur wenige Menschen lesen und schreiben konnten. Reiche Kinder, ja, die konnten auch in meiner Zeit in die Schule gehen. Alle anderen nicht.
Es ist die sogenannte gotische Schrift, in der ich das Buch für den Kaiser mit sehr viel Mühe schreibe. Tja, so ein Kaiser hat ja auch genügend Geld, dass er sich seine eigenen Bücher schreiben lässt.
Das ist eine Seite, an der ich gerade noch geschrieben habe, bevor ihr gekommen seid.
Dürers Gebetbuch für Kaiser Maximilian I. wird den Kindern präsentiert.

3.1.2 Objektivierung

Arbeitsanweisung:
Wie wäre es – bevor ihr wieder in eure Zeit zurückkehrt –, euren Namen gotisch zu schreiben. Ich helfe euch.
Die Kinder erhalten das Blatt mit gotischen Buchstaben, Pergamentpapier oder Butterbrotpapier.
Die Kinder pausen mit schwarzem Filzstift ihre Namensbuchstaben von der Schriftvorlage ab. Anschließend wird der Namenszug auf schwarzes Tonpapier geklebt.

Schülerarbeit

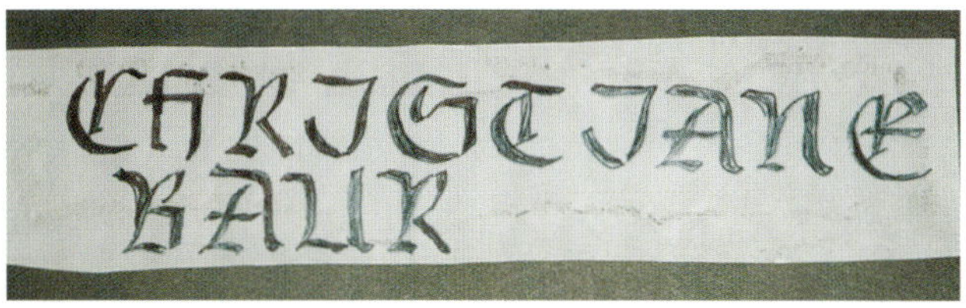

Schülerarbeit

Hinweis:
Das beschriebene Butterbrotpapier sieht auch als Fensterbild sehr dekorativ aus.
Meist bereitet den Kindern das Schreiben in dieser Schrift so viel Freude, dass sie von sich aus Texte, Gedichte oder die aktuellen Lernwörter schreiben.

3.2 Albrecht Dürer zeigt uns mittelalterliche Burgen und Städte

Kunstbetrachtung: Albrecht Dürer: Castello del Buonconsiglio, 1495 (s. S. 17)

Technik: Wasserfarbenmalerei

Material:
- Wasserfarben, Pinsel
- „Albrecht Dürer" als Folie (s. S. 11)
- Kopiervorlage „Castello del Buonconsiglio" im DIN-A3-Format (s. S. 18)
- ggf. „Castello del Buonconsiglio" (s. S. 17) als Folie

3.2.1 Einstieg

Zu Beginn der Stunde wird den Kindern das Selbstbildnis Albrecht Dürers gezeigt.
Lassen Sie den Kindern genügend Zeit, das Bild zu betrachten. Insbesondere soll hier in einem kurzen Unterrichtsgespräch auf Dürers mittelalterliche Kleidung, seine Haarpracht, auf die Dürer übrigens sehr stolz gewesen sein soll (die Ähnlichkeit mit der Frisur Jesus Christus ist beabsichtigt, da dies zur damaligen Zeit „in" war), aufmerksam gemacht werden.
Das berühmte Kürzel Albrecht Dürer, das er fast immer unter seine Bilder setzte, ist rechts im Bild deutlich zu erkennen.
Die Inschrift auf dem Bild lautet: *1498. Das malt ich nach meiner Gestalt. Ich war 26 Jahr' alt.*

3.2.2 Objektivierung

Impuls des Lehrers:
Im Laufe der Jahrhunderte verändern sich gemalte Bilder und ihr könnt euch sicher vorstellen, woran das liegt ...
... Luftverschmutzung, die Farben verblassen durch Sonneneinstrahlung.
Hier habe ich euch ein Bild von Albrecht Dürer mitgebracht, das natürlich so vor fünfhundert Jahren nicht ausgesehen hat.
Bei diesem Bild von Albrecht Dürer ist schon einiges nicht mehr zu erkennen. Der Zahn der Zeit hat ziemlich heftig an ihm genagt.
Sicher wisst ihr auch, wie die Leute heißen, die solche alten Bilder restaurieren, also sozusagen wiederherstellen und möglichst in ihren ursprünglichen Zustand zurückversetzen ...
... Restauratoren.
Nachdem ihr Albrecht Dürer und seine Werke schon ein wenig kennen gelernt habt, könnt ihr den Restauratoren bestimmt helfen, dieses Bild wieder herzustellen. Was erkennt ihr auf dem Bild?
Was könnte auf dem Bild noch abgebildet gewesen sein?
Die Kinder sammeln gemeinsam Ideen, die an der Tafel festgehalten werden.
Dann erhalten die Kinder jeweils eine Kopie von „Castello del Buonconsiglio" und bekommen den Auftrag, das Bild zu „restaurieren".

Zusätzliche Lehrerinformation:
Viele Bilder, die so alt sind wie die von Dürer, dürfen nur unter bestimmten Bedingungen in Museen hängen, damit sie uns möglichst lange erhalten bleiben: Die Luftfeuchtigkeit und die Temperatur in den Besichtigungsräumen muss gleichbleibend sein! Vielleicht habt ihr schon einmal in Museen in den Ausstellungsräumen kleine Kästen gesehen und euch gewundert, was es damit auf sich hat. Diese Kästen messen und regulieren Luftfeuchtigkeit und Temperatur. Aber auch diese Vorsichtsmaßnahmen reichen oft nicht aus und die Bilder müssen dennoch nach einigen Jahrzehnten restauriert werden. Heutzutage gibt es Möglichkeiten, mit dem Computer und durch chemische Untersuchungen, den ursprünglichen Zustand des Bildes herauszufinden und ihn dann auch wiederherzustellen.

Schülerarbeit

Im Plenum werden die Arbeiten der Kinder betrachtet. Auf Wunsch wird ihnen das Original gezeigt.

3.3 Bildstörung

Kunstbetrachtung: Albrecht Dürer: Hase, 1502 und andere „alte Meister"

Technik: Collage

Material:
- Klebstoff, Schere
- schwarzes Tonpapier
- Kopiervorlage „Hase" (s. S. 20, ggf. auch noch andere Vorlagen)
- Kopiervorlage „Expertenbrief" (s. S. 19)

Lehrererzählung:
Beim „Transport" des mittelalterlichen Bildes von Albrecht Dürer in die heutige Zeit gab es eine technische Störung. Daher zeigt die Zeitmaschine das Bild nicht richtig. Es ist verzerrt. Unser Zeittransportcomputer hat das Bild auseinandergezerrt. Lauter Streifen flimmern nun über den Bildschirm.

Schülerarbeit „Bildstörung“

Schülerarbeit „Bildstörung“

Schülerarbeit „Bildstörung“

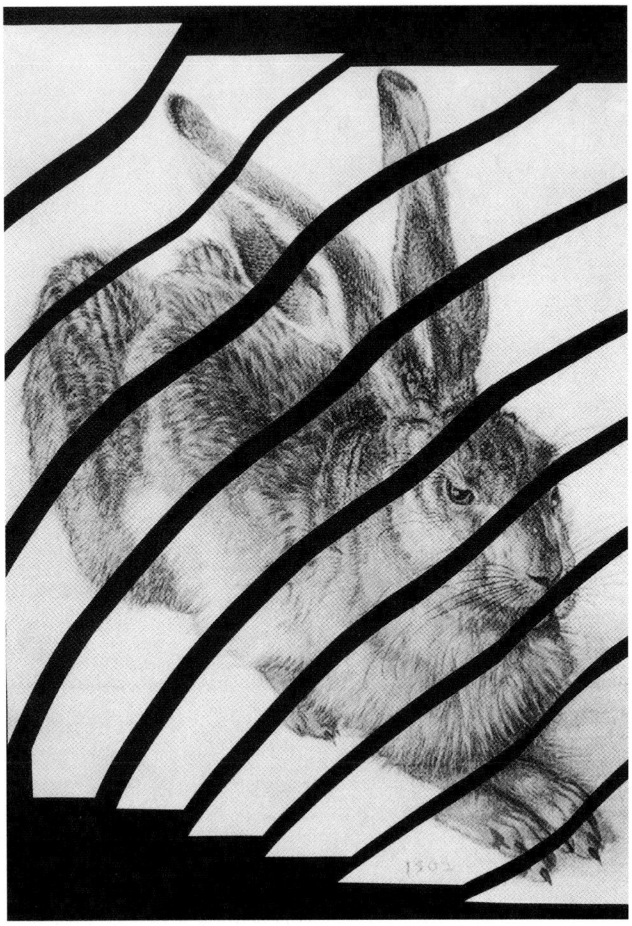

Schülerarbeit „Bildstörung“

Arbeitsanweisung:
Schneide dein Bild in Streifen (schmale und/oder breite Streifen).
Klebe anschließend alle Streifen in der richtigen Reihenfolge auf dein schwarzes Tonpapier.
Lasse bitte zwischen jedem Streifen auch einen Streifen des schwarzen Tonpapiers sichtbar.
Links und rechts müssen die Streifen deines Bildes übrigens nicht genau untereinander aufgeklebt werden.
Du hast das Bild im Original gesehen und nur du weißt daher, wie es aussah. Du bist also sozusagen der Experte für dieses Bild. Beschreibe dein Bild, damit deine Eltern, Freunde und andere Kunstinteressenten sich vorstellen können, wie das Bild früher aussah. Natürlich werden die meisten Leute weitere Fragen zu diesem Bild haben ... Wer hat es gemalt? Warum und wann hat er es gemalt usw.
Fülle dazu den Expertenbrief aus.
Im Anschluss können die Bildbeschreibungen vorgelesen werden. Wer findet das dazugehörige Bild?

Alternative:
Bewährt hat sich bei diesem Themenbereich auch der Zugang über eine Lektüre wie zum Beispiel: Otfried Preußler: Das kleine Gespenst. Nachdem wir mit dem Lesen des Buches begonnen hatten, führte uns das kleine Gespenst als Identifikationsfigur durch seine mittelalterliche Burgwelt und berichtete den Kindern von seiner Bekanntschaft mit berühmten Malern dieser Epoche.
Sie finden auf dem Buchmarkt natürlich auch noch einige andere Kinderbücher zum Thema Mittelalter, Ritter und Burgen, die als Grundlage für eine solche Unterrichtseinheit verwendet werden können. Figuren, die in diesen Büchern die Haupt- oder Nebenrolle spielen, eignen sich in jedem Fall, die Kinder auch durch eine Kunststunde zu führen.

Literatur:
Der große Xenos Atlas Mittelalter. Hamburg 1999.
Albrecht Dürer. Köln 1998.
Hohberg-Schriften-Buch. Bad Kissingen
Leben im Mittelalter. Alltag und Feste im Zeitalter des Feudalsystems. Hildesheim 1999.

Albrecht Dürer: Selbstbildnis, 1498

Mittelalterliche Stadtansicht: Nürnberg, 1493

Das Dürerhaus in Nürnberg, erbaut um 1450

Kopiervorlage „Die gotische Schrift“, leicht

Kopiervorlage „Die gotische Schrift“, schwer

tua Agla Anañizapta te
tragramaton: que sunt lau-
danda: glorificanda: tremen-
da: et adoranda: nunc et Per
infinita secula seculorũ Amẽ.
Pater Noster.
O Jesu vera libertas an
gelorum: mundi fabri-
cator: ⁊ omniũ bonoꝝ auctor:
via salutis eterne: verus osten
sor. Memento comprehensio-
nis et temptationis tue: quan
do iudei tanquã leones fero-
cissimi in templo te circumste-

Albrecht Dürer: Gebetbuch für Kaiser Maximilian I.

Albrecht Dürer: Castello del Buonconsiglio, 1495

Kopiervorlage „Castello del Buonconsiglio“

Expertenbrief

Maler: ____________________

Bildtitel: ____________________

Bildgröße: ____________________

Datum: ____________________

Bildbeschreibung:

Skizze:

Albrecht Dürer: Hase, 1502

Name:	Datum:	Kunst	

Albrecht Dürer

lebte von 1471–1528.
Auf dem Bild unten hat er sich selbst gemalt.
Das Porträt stammt von 1498, da war er 28 Jahre alt.

Original

Fälschung

Berühmte Gemälde wie dieses von Dürer werden leider auch von Kunstfälschern kopiert und verkauft.
Kunstexperten erkennen Fälschungen sofort, denn häufig machen die Fälscher kleine Fehler. Kannst du die 5 Fehler auf der Fälschung oben rechts entdecken? Markiere sie.

Das ist das Zeichen von Albrecht Dürer, das er unter jedes Bild setzte.

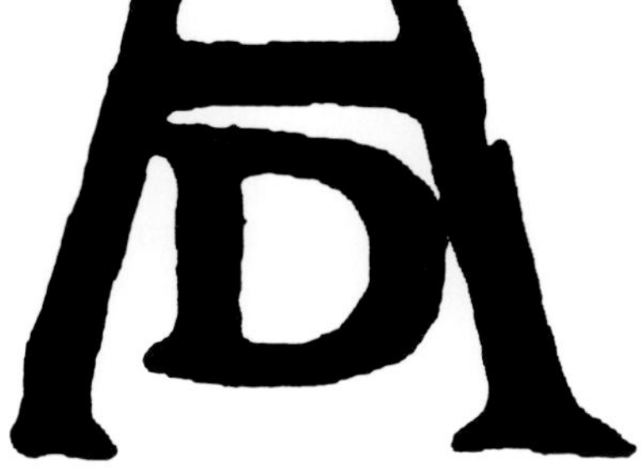

Entwirf hier „dein“ Zeichen:

Lösung des Bilderrätsels: Quaste an der Mütze, Fenster, Haare, Schriftzug, Ärmel

Giuseppe Arcimboldo

Gesichtsmaskeraden

1. Zur Sachanalyse

Um 1527 wurde Giuseppe Arcimboldo in Mailand geboren (seine Bilder signierte er später auch mit Arcimboldi oder Arcimboldus), der für sein Jahrhundert eine einzigartige Kunst schuf: Niemand zuvor hatte je solche Bilder gemalt und mit Ausnahme seiner Werke sollte das auch die nächsten 350 Jahre so bleiben. Zu einer Zeit, als alle Künstler sich bemühten, Fürsten, Könige, kirchliche Prominenz, Landschaften und Städte sowie biblische Motive natur- und realitätstreu zu malen, brach Arcimboldo aus dieser Tradition aus und bewies sein Können, sein Talent und seine Kreativität durch Porträts, die sich aus diversen Elementen wie Blumen, Obst und Gemüse, Tieren und Büchern u. a. zusammensetzen.

Arcimboldo stammte aus einer traditionellen Malerfamilie und arbeitete die ersten Jahre nach seiner Ausbildung mit seinem Vater zusammen an verschiedenen Projekten wie Fresken, Fenstermalereien und Gemälde für Kirchen. Im Alter von 35 Jahren siedelte er 1562 nach Prag über, wo er die nächsten sechsundzwanzig Jahre am Königshof als sogenannter „Hauskonterfetter“ tätig war. Unter Ferdinand I., Kaiser Maximilian II. und Kaiser Rudolf II. erlangte Arcimboldo nicht nur mit seinen eigentümlichen Bildern Berühmtheit. Er war am kaiserlichen Hofe zudem verantwortlich für die Organisation von Festen aller Art und für den Ankauf von Antiquitäten und Kunstgegenständen. Ob Arcimboldo seine ungewöhnlichen Porträts als Satire dachte oder einfach Gefallen an diesem neuen Malstil fand, ist nicht bekannt. Ebenso gibt es keine Zeugnisse darüber, wie er zu dieser Art zu malen kam, was ihn inspirierte und zu solchen Ideen führte. Eine Möglichkeit wäre, dass er durch das Entwerfen und Anfertigen diverser Kostüme (insbesondere Kopfschmuck, Perücken u. Ä.) für die Feste am kaiserlichen Hof zu seinen „Gesichtsmaskeraden“ angeregt wurde. 1587 kehrte der Maler nach Mailand zurück, wo er 1593 starb.

Mit seinen bizarren Obstfiguren stellt der Maler Giuseppe Arcimboldo eine Verbindung von Porträtmalerei und Stillleben des barocken 17. Jahrhunderts her. Üppige Obst- und Getreidegebilde verzieren wuchtige, kraftvolle Gesichter, sodass der Ausdruck ins ironische gesteigert wird. Daher wird Arcimboldo auch häufig als manieristischer Maler bezeichnet.

2. Zur didaktischen Analyse

Zu Giuseppe Arcimboldos berühmtesten Bildern zählt sein Zyklus der Jahreszeiten. Frühling, Sommer, Herbst und Winter sind als arcimboldinische Porträts dargestellt, d. h. je nachdem, was die Natur in der jeweiligen Jahreszeit aufzeigt, besteht das Gesicht aus den entsprechenden Früchten der Saison. Das Thema „Jahreszeiten“ ist auch in der Grundschule ein immer wiederkehrendes Sujet und das sogenannte „Gemüsemännchen“ hängt im Herbst in vielen Schulklassen. Hier soll nun eine Variation zu diesen Männchen aufgezeigt werden. Im Sinne eines „offenen“ Kunstunterrichtes werden den Kindern verschiedene Möglichkeiten angeboten, arcimboldinische Porträts selbstständig und innovativ zu gestalten. Als Vorlage für ihre Gesichter sollen die Kinder wählen können: Fotokopien ihres eigenen Gesichtes, Fotokopien von Models, Politikern, Popstars und anderen berühmten und nicht berühmten Zeitgenossen, von Verwandten, Freunden (oder auch eine Fotokopie des Lehrers) usw. Reagieren Sie auf die Vorschläge der Kinder!

Auch das Material, mit dem die Gesichter beklebt werden, soll den Kindern die größtmögliche Freiheit geben, ihren Ideen freien Lauf zu lassen. Wurfsendungen der Supermärkte, Versandhauskataloge und Prospekte der verschiedensten Kaufgebiete bieten eine kostengünstige Materialvielfalt.

3. Verlaufsplanungen (1.–4. Jahrgangsstufe)

3.1 Wir lernen den Maler Giuseppe Arcimboldo kennen

Kunstbetrachtung: Giuseppe Arcimboldo: Der Sommer, 1573 (s. S. 27)

Technik: Collage

Material:
- „Der Sommer“ als Folie
- Porträt Arcimboldos als Folie oder als Kopie (s. S. 26)
- Klebestift und Schere
- Fotokopien von Gesichtern
- Werbeprospekte, Kataloge, alte Zeitungen usw.
- Bilder zum Thema Mittelalter (s. S. 12, 13)

3.1.1 Einstieg

„Der Sommer“ von Giuseppe Arcimboldo wird den Kindern als stummer Impuls präsentiert. Lassen Sie den Kindern ausreichend Zeit, sich das Bild anzuschauen. In einem Rundgespräch können sich die Kinder anschließend spontan zu dem Bild äußern.
Folgende Impulse sollen das Unterrichtsgespräch vertiefen:
Seht euch die Früchte genau an, bestimmt könnt ihr erkennen, aus welcher Jahreszeit diese stammen …
Der Begriff „Der Sommer“ wird an die Tafel geschrieben.
Betrachtet den Kragen des Mannes. Wenn ihr ganz genau hinseht, könnt ihr den Namen des Malers lesen.
„Giuseppe Arcimboldo“ wird an die Tafel geschrieben.

Hinweis:
Wenn Sie diese Unterrichtseinheit im Frühling, Herbst oder Winter halten, beginnen Sie mit einer Farbfolie des entsprechenden Bildes aus Arcimboldos Jahreszeitenzyklus (s. S. 27 f.).
Neben einer Querverbindung zu den vier Jahreszeiten passt diese Unterrichtseinheit auch zum Besprechen folgender sachkundlicher Themen:

- gesunde Ernährung
- Erntedankfest
- Kennen lernen einheimischer und ausländischer Obst- und Gemüsesorten
- Leben auf dem Bauernhof
- Besuch bei einer Gärtnerei
- …

3.1.2 Kennenlernen des Malers

Neben den Namen heften Sie nun das Bild des Malers an die Tafel.
Und das ist er, der Maler Giuseppe Arcimboldo.
Schaut euch seine Kleidung an!
Vielleicht äußern sich die Kinder sofort zu der auffälligen Kleidung des Malers, die ihnen anzeigen könnte, dass der Maler vor langer Zeit gelebt haben muss.
Um diesen Mann kennen lernen zu können, müssen wir eine ziemlich lange Zeitreise machen. Eine Reise in die Vergangenheit. 500 Jahre müssen wir etwa zurückreisen.

Hinweis:
Motivations- und Vorstellungshilfe kann an dieser Stelle die Zeitreisemaschine sein.

Wir reisen 500 Jahre zurück, in die Zeit, in der er in Italien lebte.
Klappen Sie die Tafel auf und präsentieren Sie den Kindern Bilder aus dem Mittelalter. Zu dem Tafelbild erklären Sie oder auch manches Kind, das schon einiges Vorwissen über das Mittelalter hat, wie man zu dieser Zeit lebte, wohnte, aß, spielte, sich fortbewegte, lernte usw.

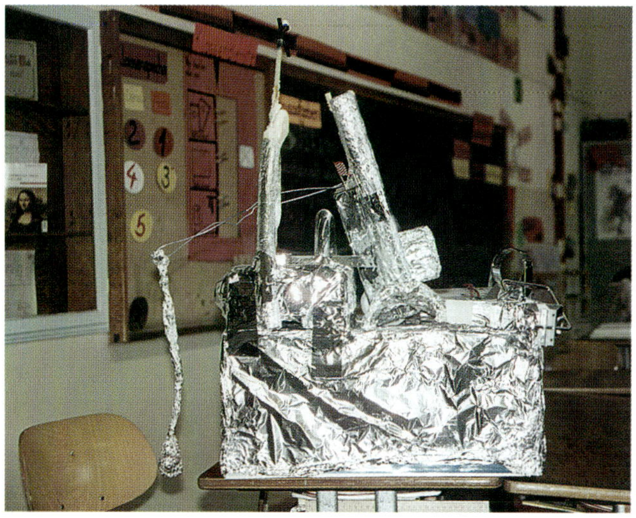

Zeitreisemaschine

Natürlich gab es damals noch keine Fernseher, Radios oder Zeitungen. Es gab auch bei weitem nicht so viele Bücher, wie es sie heute gibt, da kaum jemand lesen und schreiben konnte. So kommt es auch, dass wir über das Leben selbst so berühmter Leute wie unser Maler Arcimboldo nur recht wenig wissen.
Die Sachinformation zu Giuseppe Arcimboldo entnehmen Sie bitte der Sachanalyse.
Anschließend bearbeiten die Kinder das Arbeitsblatt „Giuseppe Arcimboldo“ (s. S. 29).

3.1.3 Objektivierung

Das beschriebene Material wird den Kindern zur Verfügung gestellt und besprochen.
Stellt nun selbst ein Bild wie Arcimboldo her, indem ihr aus Gegenständen eine Person gestaltet. Ihr könnt dabei auch zu einem bestimmten Thema (Jahreszeit …) arbeiten. Arbeitet auch sauber und ordentlich.

Schülerarbeit

Schülerarbeit

Schülerarbeit

3.2 Giuseppe Arcimboldo plant ein Kostümfest am Hof des Kaisers Maximilian I.

Kunstbetrachtung: Giuseppe Arcimboldo und sein Jahreszeitenzyklus (s. S. 27 f.)

Technik: Collage

Material:
- Jahreszeitenzyklus als Folien
- ggf. weitere Bilder Arcimboldos
- Porträt Arcimboldos als Folie oder als Kopie (s. S. 26)
- Tonbandaufnahme mit Text Arcimboldos (vgl. S. 24)
- Pappteller, Gummiband, Schere, Kleber, Zeitschriften ...

3.2.1 Einstieg

Beginnen Sie diese Unterrichtsstunde mit einem Bild (Selbstbildnis) von Giuseppe Arcimboldo. Die Kinder stellen fest, dass die Kleidung dieses Mannes (Kopfbedeckung, Mantel) aus einer früheren Zeit stammen könnte.
Mit der Zeitreisemaschine reisen Sie mit den Kindern in die Vergangenheit, in die Zeit, in der Giuseppe Arcimboldo lebte.

Hinweis:
Denken Sie bei der Zeitreise stets an die entsprechende Umgebung: ruhige Instrumentalmusik, Verdunklung des Raumes, eventuell Beleuchten der Zeitmaschine mit einer Taschenlampe oder Beleuchten des Zeitstreifens mit der Taschenlampe.

Arcimboldo stellt sich den Kindern vor:
Mein Name ist Giuseppe Arcimboldo. Ich freue mich sehr, eure Bekanntschaft zu machen. Ich komme ursprünglich aus Mailand. Mailand ist eine Stadt in Italien.
Schon mein Vater war Maler. Ich habe oft mit meinem Vater zusammen die Wände und Fenster in Kirchen bemalt.
Jetzt habe ich eine wesentlich besser bezahlte Stellung. Ich arbeite nämlich für einen richtigen Kaiser. Es ist Kaiser Maximilian I. und dieser Mann ist unglaublich reich. Das größte Hobby meines Chefs ist Feste feiern. Ja, das tut er für sein Leben gerne. Und seine Feste sind natürlich besondere Feiern: Maximilian liebt Kostümfeste.
Ich muss sagen, ich bin schon ziemlich stolz, dass ich diese Kostümfeste ganz allein planen und gestalten darf. Das heißt, ich entwerfe die Masken und Kostüme und darf mir da so ziemlich alles einfallen lassen. Ich zeig euch mal ein paar meiner Entwürfe.
Die Kinder können nun einige Bilder von Arcimboldo betrachten: seinen Jahreszeitenzyklus oder auch andere Bilder.
Vielleicht habt ihr Lust, mir bei der Gestaltung meines nächsten Kostümfestes zu helfen?
Aus Papptellern, Gummiband, Schere und Zeitungen lassen sich schöne Masken herstellen, die in ihrer Gestaltung Giuseppe Arcimboldos Vorbild aufgreifen.

Alternativen:

- Die Kinder können auch Collagen zu bestimmten Themen entwerfen. Auch hier entstehen oft während des Unterrichts immer neue Ideen für die außergewöhnlichsten Masken in Anlehnung an Arcimboldo.
- Auch andere Objekte eignen sich, sie in arcimboldinischer Art zu verändern: Flaschen, Autos, Häuser usw. Hierfür kleben die Kinder auf vorbereitete Rahmen verschiedener Vorlagen aus Zeitungen und Wurfsendungen, Gegenstände und Lebensmittel auf, so dass der Rahmen in seiner Form unverändert bleibt:

Schülerarbeit

Schülerarbeit

Schülerarbeit

Literatur:

Strand, Claudia: Hello, Fruit Face! The paintings of Giuseppe Arcimboldo. München, London, New York 1999.

Giuseppe Arcimboldo: Selbstbildnis, ca. 1575

Giuseppe Arcimboldo: Der Sommer, 1573

Giuseppe Arcimboldo: Der Herbst, 1573

Giuseppe Arcimboldo: Der Frühling, 1573

Giuseppe Arcimboldo: Der Winter, 1573

Name:	Datum:	Kunst	

Dieses Bild hat **Giuseppe Arcimboldo** gemalt.

Aber was hat er eigentlich dargestellt?
Drehe das Bild um, dann findest du heraus, dass der Maler hier nicht nur eine Schüssel mit Gemüse und Nüssen gemalt hat.

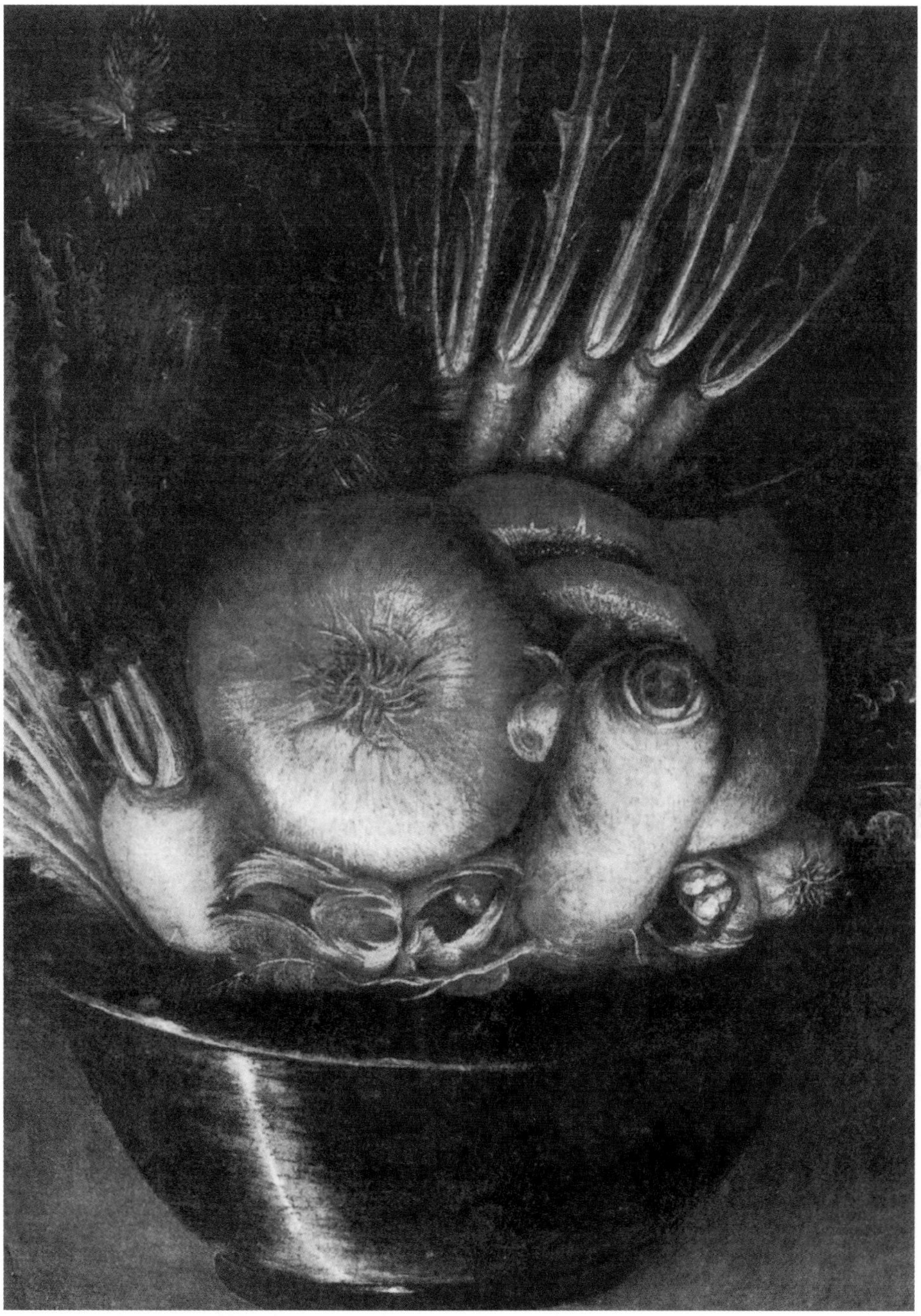

Male das Bild mit Buntstiften aus.
Kreuze die Gemüsesorten an, die du in dem Bild finden kannst.

Rettich	Paprika	Karotten	Erbsen	Bohnen
Zwiebeln	Pilze	Mais	Kartoffeln	Lauch

Hieronymus Bosch

Das Märchen von den verzauberten Fischen

1. Zur Sachanalyse

Hieronymus Bosch van Aken wurde um 1450 in Herzogenbusch (Niederlande) geboren. Nur wenig ist bislang von seinem Leben bekannt, auch wenn sich die heutige Kunstforschung eifrig bemüht, die rätselhaften Gemälde und das Leben des Künstlers zu erforschen und zu verstehen. Belegt sind folgende Informationen über Herkunft und Werdegang Boschs: Er entstammte einer ursprünglich aus Aachen kommenden Künstlerfamilie. Von Vater und Onkel erwarb er seine handwerklichen Grundkenntnisse und arbeitete zunächst in der väterlichen Werkstatt als Freskomaler. Belegt sind einige von ihm gemalte Kirchenbilder für die Kirche seines Heimatortes, die jedoch bereits seit 1629 verschwunden sind. Um das Jahr 1481 heiratete Bosch eine wohlhabende Adlige aus der Umgebung seines Heimatstädtchens, Aleyt Goyaert. In den folgenden Jahren bis zu seinem Todesjahr 1516 verkehrte Bosch in den oberen Kreisen der wohlhabenden und teils adligen Gesellschaft von Herzogenbusch.
Mittlerweile hat die Kunstgeschichtsforschung eine Reihe von möglichen Erklärungsansätzen aufgeführt, die zum besseren Verständnis der grausam-satirischen Fantasien von Hieronymus Bosch beitragen können.
Die Welt des ausgehenden Mittelalters, die grausame Hexen- und Ketzerverfolgung, das sich allmählich verändernde Weltbild der Menschen, die Entdeckung der „Neuen Welt“, die die Menschen des europäischen Kontinents verängstigte sowie christliche Vorstellungen von Hölle und Sündenverfolgung sind einige der vermutlichen Ursprünge der Bilderwelt Boschs.
Faszinierend ist auf jeden Fall, welche Fantasien und fiktionalen Ideen, die der damaligen christlichen Moral entsprachen, dieser Künstler bereits vor über fünfhundert Jahren bildlich darstellte.

2. Zur didaktischen Analyse

Nicht alle Bilder sind Kindern zumutbar, da die möglichen Erklärungen für seine teils äußerst grausamen Bilddetails weit entfernt vom Verständnis eines Kindes liegen. In dieser Stunde wird sowohl der fantastische, irreale Charakter der Bilder berücksichtigt als auch die kindgerechte Aufarbeitung seiner Arbeit. Ziel der Stunde soll sein, die Kinder mit diesem Maler aus dem 15. Jahrhundert und seine in Ansätzen eigentümliche Malweise bekannt zu machen. Die für Bosch so typischen Fantasiewesen und Fantasiekonstruktionen spielen in dieser Stunde eine wichtige Rolle. Sie bieten für das Gesamtwerk dieses Künstlers einen hohen Wiedererkennungswert. Die Kinder sollen diese für Hieronymus Bosch so typischen und einmaligen Figuren kennen lernen und wiedererkennen können.

3. Verlaufsplanung (3. und 4. Jahrgangsstufe)

Kunstbetrachtung: Ausschnitte aus verschiedenen Bildern von Hieronymus Bosch (s. S. 32 ff.)

Technik: Wasserfarbenmalerei

Material:
- Farbfolien der Bildausschnitte
- Wasserfarben, Pinsel
- DIN-A3-Zeichenpapier
- Arbeitsblatt „Hieronymus Bosch“ (s. S. 34)

Vorbereitung:
Die Kinder färben am Vortag ein Blatt ihres Zeichenblockes mit einem dicken Pinsel hellblau ein. Dieses Blatt dient als farbiger Malgrund für die folgende Stunde.

3.1 Das Märchen von den verzauberten Fischen

3.1.1 Einstieg

Lehrererzählung:
Es war einmal ein Zauberer namens Hieronymus Fidibosch, der sein Leben lang von nichts anderem träumte, als ein Fisch zu sein. In seinem geliebten Meer herumzuschwimmen, das war sein großer Traum.
Alles hatte er mit seinen Zauberkünsten schon versucht, um sich selbst diesen Wunsch zu erfüllen. Leider war er nie ganz so erfolgreich, wie er es sich wünschte. Den richtigen Zauberspruch, um ein echter Fisch zu werden, hatte er noch nicht gefunden.
Die Kinder sehen „Fidibosch“ aus dem Bild *Der heilige Johannes auf Patmos, ca. 1504–1505 (die satanische Kreatur)*, s. S. 32.
Geben Sie den Kindern bitte ausreichend Zeit, sich zu dem Bild zu äußern.

Was beneidete Hieronymus Fidibosch die vielen Fische im Meer. Richtig zornig wurde er, wenn er ihnen beim Schwimmen zusah. Immer wieder probierte er einen neuen Zauberspruch aus.
Eines Tages, als Hieronymus so vor sich hin zauberte und versuchte, seinen alten Zauberspruch ein wenig abzuändern …
Hokus Pokus Fidibosch
Da passierte tatsächlich etwas …
Nur leider nicht mit ihm, sondern mit allen Fischen im Meer …
Die Kinder sehen nun einige Fische aus verschiedenen Werken von Hieronymus Bosch, Ausschnitt aus den *Versuchungen des Heiligen Antonius:* ein fliegender Fisch und ein Fisch mit Rädern, der einen Turm auf seinem Rücken transportiert.
Ausschnitt aus dem *Heuwagen*: ein Fisch auf zwei Menschenbeinen.
Diese Bildausschnitte benötigen meist keinen Kommentar des Lehrers. Die Kinder äußern sich in der Regel recht vielfältig zu diesen Figuren und versuchen selbst, den misslungenen Zauberspruch zu erklären.

3.1.2 Objektivierung

Lehrererzählung:
Na, mehr kann ja wohl beim Zaubern gar nicht mehr schief gehen. Anstatt selbst ein Fisch zu werden, so wie es sich Hieronymus Fidibosch gewünscht hatte, hatte er nun umgekehrt alle Fische auf das Festland gebracht, ihnen Beine, Flügel oder Räder hingezaubert.
In heller Aufregung blätterte Hieronymus in seinem riesigen Zauberbuch. Es musste doch eine Möglichkeit geben, die Sache rückgängig zu machen.
Er legte das Zauberbuch auf den Boden, sagte den Spruch, der das Buch zum Reden brachte und lauschte, was es ihm zu sagen hatte:
Nun, da gibt es nur Eines, was du tun kannst. Du musst den Fischen ein neues Unterwasserreich schaffen. Ich zeige dir die Unterwasserpflanzen für einen kurzen Augenblick. Wenn es dir gelingt, dir die Formen einzuprägen und sie in einem Bild festzuhalten, werde ich die Fische und auch dich in dieses Meer zurückbringen.

Arbeitsanweisung für die Kinder:
Ihr habt gehört, wie wir den Fischen und Hieronymus helfen können.
Schaut ganz genau hin, was ihr gleich für eine fantastische Unterwasserpflanze seht. Prägt sie euch gut ein und malt sie recht groß an eine Stelle eures Meeres.
Ausschnitt aus *Der Garten der Lüste*, 1503–1504: Springbrunnen.
Zeigen Sie den Ausschnitt – je nach Jahrgangsstufe – einen Moment. Wenn Sie sehen, dass bereits die ersten Kinder mit dem Malen beginnen, schalten Sie kurz danach den Overheadprojektor aus und lassen die Kinder den Springbrunnen aus dem Gedächtnis heraus malen.
Verfahren Sie genauso mit dem Ausschnitt aus *Der Heilige Johannes in der Wildnis*.

Lehrererzählung:
Toll, der Zauber ist euch sehr gut gelungen. Die Fische und auch Hieronymus Fidibosch dürfen wieder in das Meer zurück. Malt sie in eurer Unterwasserbild.

Schülerarbeit

Schülerarbeit

In einer weiteren Unterrichtsstunde können Sie ergänzend das beiliegende Arbeitsblatt zum Einsatz bringen und den Kindern über das – kaum bekannte – Leben des Maler Hieronymus Bosch berichten.

Literatur:
Charles des Tolnay: Das Gesamtwerk Hieronymus Bosch. Eltville am Rhein 1989.
Hieronymus Bosch. Köln 1998.

Der Zauberer Fidibosch

Hieronymus Bosch: St. John in Patmos (Detail), um 1504–05

Die Versuchung des Hl. Antonius (Detail)

Der Heuwagen (Detail)

Die Versuchung des Hl. Antonius (Detail)

Johannes der Täufer in der Wüste (Detail)

Der Garten der Lüste (Detail)

Name:	Datum:	Kunst	

Das könnte ein Selbstbildnis von

Hieronymus Bosch

sein.

Ob das Bild ihn wirklich darstellt, weiß man jedoch nicht ganz genau. Gestorben ist Hieronymus Bosch 1516, das weiß man ganz sicher.

Hieronymus Bosch wurde dadurch so berühmt, dass er recht seltsame Bilder gemalt hat.

Unten siehst du einen Ausschnitt aus einem Bild von Hieronymus Bosch.
Sicher hast du „den Maler“ auf dem Bild entdeckt.
Auf der linken, oberen Seite des Bildes sieht du einen kleinen Teil eines merkwürdigen Wesens. Was kann das wohl sein?
Versuche das fantastische Wesen weiterzumalen!

Pieter Bruegel d. Ä.

Das Alltagsleben vor fünfhundert Jahren – eine Abenteuerreise

1. Zur Sachanalyse

Über das Leben von Pieter Bruegel dem Älteren, genannt Bauernbruegel, dem Vater der ebenfalls bekannten Maler Jan Bruegel dem Älteren und Pieter Bruegel dem Jüngeren, ist leider nur sehr wenig bekannt. Man nimmt an, dass er zwischen 1525 und 1530 geboren wurde – seinen genauen Geburtsort kennt man jedoch nicht. Sein Leben verbrachte Pieter Bruegel d. Ä. in Antwerpen und Brüssel. In der damals führenden Hafenstadt Antwerpen ging er bei einem der bekanntesten Maler seinerzeit – Pieter Coecke van Aelst – in die Lehre. Coecke war Hofmaler Kaiser Karls V. und vermittelte Bruegel die Techniken der Bildhauerkunst, der Glasmalerei, des Malens, Zeichnens und der Buchillustration. Im Anschluss an seine Lehrzeit trat Bruegel eine zweijährige Studienreise in Italien an. Etwa 1563 zog er nach Brüssel, um dort die Tochter seines ehemaligen Lehrers – Mayeken Coecke – zu heiraten und mit ihr dort zu leben.
Ausgehend von den grotesken Bildern Hieronymus Boschs und den Landschaftsbildern Joachim Patiniers schuf Pieter Bruegel Bilder mit Szenen des alltäglichen Lebens. Mit seinen Landschaftsbildern, die die Natur genau wiedergaben, beeinflusste er grundlegend die niederländische Landschaftsmalerei des 16. Jahrhunderts und stand damit im Gegensatz zu der von Italien beeinflussten, in Antwerpen herrschenden Richtung des Romanismus. Bruegel starb am 9. September 1569 in Brüssel.

2. Zur didaktischen Analyse

Berühmt geworden sind Pieter Bruegels Landschaftsbilder und seine Gruppenbilder, die zum Teil sehr drastisch das Alltagsleben der Bauern zur damaligen Zeit darstellen. *Das Schlaraffenland*, 1567 oder auch *Die Kinderspiele*, 1560 gehören zu seinen bekanntesten Bildern. Je länger man ein Bild von Bruegel betrachtet, um so mehr – zum Teil witzige, zum Teil brutale, zum Teil seltsame – Details kann man entdecken und es ist leicht nachzuvollziehen, wie sich das bäuerliche Leben vor fünfhundert Jahren wohl abgespielt haben muss: ohne Fernseher, Radio, Waschmaschine, Supermärkte usw. Für Kinder sind solche Bilder eine echte Fundgrube für das Verständnis der Vergangenheit.

Zu den vielen biblischen Szenen, die Bruegel malte, gehört auch die Darstellung des *Turmbaus zu Babel* unter König Nimrod. Bemerkenswert ist hier die Fülle von Details, die am, im, neben, hinter und selbst über dem unvollendeten Turm zu erkennen sind: Eine mittelalterliche Stadt mit Stadtmauer (Antwerpen), ein Hafen mit vielen Schiffen, Steinmetze, der König und sein Gefolge … Allein mit dem Betrachten des Bildes könnte man mit seiner Klasse bereits Stunden verbringen.

3. Verlaufsplanung (1. bis 4. Jahrgangstufe)

Kunstbetrachtung: Pieter Bruegel: Turmbau zu Babel, 1563 (s. S. 39)

Technik: Malerei

Material:
- Wasserfarben, Pinsel
- „Turmbau zu Babel“ als Folie
- „Schiff“ aus „Turmbau zu Babel“ als Folie (s. S. 37)
- „König mit Gefolge“ aus „Turmbau zu Babel“ als Folie (s. S. 37)
- Kopiervorlage „Bauplan“ (s. S. 38) im DIN-A3-Format
- Bunt-, Wachs- oder Filzstifte
- Arbeitsblatt „Pieter Bruegel“ (s. S. 40)

3.1 Eine Abenteuerreise in die Vergangenheit

3.1.1 Einstieg

Der Klassenraum wird für die Fantasiereise abgedunkelt.

Lehrererzählung:
Heute wollen wir eine Reise machen. Und zwar eine Schiffsreise.
Ausschnitt aus Pieter Bruegels *Turmbau zu Babel* wird gezeigt.
Das ist unser Schiff …
Die Kinder können sich an dieser Stelle spontan zu dem abgebildeten Schiff äußern:
- das ist ein sehr altes Schiff
- so ein Schiff hatte man früher
- das sieht aus wie ein Piratenschiff

Habt Mut und steigt ein, macht es euch auf Deck bequem, setzt euch hin und haltet euch bitte fest, denn selbst bei relativ ruhigem Seegang schaukelt dieses alte Schiff ganz schön.

Die Kinder suchen sich auf dem Fußboden im Klassenzimmer einen Sitzplatz, von dem aus sie einen guten Blick auf das Schiff haben und folgen den Bewegungsanweisungen:

Das Schiff schaukelt ruhig auf dem Wasser hin und her, ganz gleichmäßig, denn der Wind ist heute nicht besonders heftig.

Doch auf einmal ruft der Kapitän des Schiffes: „An die Segel!" Steht bitte auf und helft den Matrosen die großen Segel herunterzulassen.

Puuh, das war aber anstrengend.

Solche Arbeit sind wir nicht gewöhnt, da setzen wir uns wieder hin, machen es uns gemütlich und schließen vor Erschöpfung die Augen.

Das Schiff gleitet über die Wellen auf seiner weiten, weiten Reise in ein fremdes Land, aber dann ...

Unser Schiff bringt uns in eine andere Zeit, immer weiter zurück in die Vergangenheit ... 50 Jahre zurück, 100 Jahre zurück, 150 Jahre zurück, 200 Jahre zurück, 250 Jahre zurück, 300 Jahre zurück, 350 Jahre zurück, 400 Jahre zurück ...

Als das Ufer in Sicht kommt, sind wir bereits 450 Jahren zurück in Belgien, einem Nachbarland von Deutschland.

Wir sind da, macht die Augen auf! Seht, wir werden schon erwartet, schaut nur, wer da am Ufer auf uns wartet ...

Am Overheadprojektor wird zunächst nur der Ausschnitt des Königs mit seinem Gefolge gezeigt.

Die Kinder betrachten das Bild und äußern sich:

- jemand kniet nieder vor dem König
- seine Bewacher haben Lanzen dabei, um ihn vor Angreifern zu schützen

Bestimmt habt ihr auch schon die Leute entdeckt, die rings um den König, sein Name ist Nimrod, arbeiten. Könnt ihr erkennen, was die da machen?

Die Kinder äußern sich:

- sie bearbeiten die großen Steine
- da soll vielleicht etwas gebaut werden
- vielleicht lässt sich der König ein neues Schloss bauen

Genau, die Leute sollen etwas bauen.

König Nimrod, wünscht sich den allergrößten Turm, der je geplant und gebaut wurde.

Der König stellt sich einen Turm vor, den man auch bewohnen kann, der Fenster hat, eine Treppe, sodass man bis auf die Turmspitze gelangen kann, königliche Verzierungen und noch vieles mehr. Mehrere Architekten hatte der König mit dieser Turmplanung beauftragt, aber die Planer und Bauleute haben sich irgendwie nicht richtig verstanden. Deshalb haben sie König Nimrod mit einem noch lange nicht fertigen Turm zurückgelassen.

Eine Baustelle und keine Pläne, wie es weitergehen soll!

König Nimrod möchte uns gerne mitnehmen, um uns sein Bauvorhaben, seine Turmbaustelle zu zeigen. Los, lasst uns mitgehen!

3.1.2 Begegnung mit dem Gesamtkunstwerk

Auf dem Overheadprojektor sehen die Kinder nun das gesamte Werk Pieter Bruegels: *Turmbau zu Babel*, 1563.

Auf Bruegels Bild gibt es unglaublich viele Dinge zu entdecken. Mit den Suchaufträgen sollen die Kinder nun das Bild „entdecken":

- *Ich sehe einen Arbeiter, den ihr nicht seht und der macht ...*

  Das Kind, das den beschriebenen Arbeiter entdeckt hat und auf dem Bild zeigen kann, ist als nächstes dran.

  Ebenso können mit dieser Spielform auch andere Details des Bildes beschrieben und erraten werden.

3.1.3 Objektivierung

Arbeitsanweisung:

Der König Nimrod ist ratlos. Vielleicht könnt ihr ihm Vorschläge machen, wie er seinen Turm fertig bauen könnte.

Hier ist der augenblickliche Plan.

Kopiervorlage des Turmes

Die Kinder erhalten die Kopiervorlage „Bauplan" und malen den Turm mit Buntstiften, Wachsstiften, Filzstiften oder mit Pinsel und Wasserfarben nach ihren eigenen Vorstellungen fertig.

3.1.4 Kennenlernen des Künstlers und des Werkes

Im Anschluss an die kreative Umsetzung des Bruegelbildes sollten die Kinder über den geschichtlichen Hintergrund und die biblische Thematik des Werkes kurz in Kenntnis gesetzt werden und außerdem einige Informationen zum Maler Pieter Bruegel erhalten.

Schülerarbeiten

Lehrererzählung:
König Nimrod wollte einen Turm bauen, der bis zu Gott in den Himmel reichen sollte. Die Geschichte steht in der Bibel. Aber kein Turm kann so hoch sein, dass er bis zu Gott reicht und daher schickte Gott etwas zu den Bauarbeitern …
… viele, viele verschiedene Sprachen, sodass sich die Arbeiter nicht mehr miteinander unterhalten konnten. Keiner wusste mehr, was der andere nun tun sollte und so wurde leider nichts aus dem hohen Turm. Gemalt hat dieses Bild ein Maler namens Pieter Bruegel.
Die Kinder erhalten das Arbeitsblatt „Pieter Bruegel“.

Literatur:
Jockel, Nils: Der Turmbau zu Babel. München 1997.
Seipel, Wielfried (Hrsg.): Pieter Bruegel d. Ä. im Kunsthistorischen Museum Wien. Ostfildern 1997.
Vöhringer, Christian: Pieter Bruegel. Köln 1999.

Der Turmbau zu Babel (Detail)

Der Turmbau zu Babel (Detail)

Kopiervorlage „Bauplan“

Pieter Bruegel d. Ä.: Turmbau zu Babel, 1563

Name:	Datum:	Kunst	

Das ist wahrscheinlich der Maler

Pieter Bruegel.

Ganz genau weiß das jedoch niemand. Auch wann Pieter Bruegel geboren wurde ist nicht bekannt. Vielleicht war es 1525 oder vielleicht auch erst 1530.

Aber eines ist sicher: Pieter Bruegels Bilder waren schon vor 400 Jahren sehr bekannt und daher ist auch das Jahr seines Todes genau aufgeschrieben worden: 1569 in Brüssel.

Unten siehst du einen Ausschnitt eines seiner bekanntesten Bilder: Das Schlaraffenland. Im Gegensatz zum Original haben die Menschen hier schon alles aufgegessen und schlafen nun vor Erschöpfung. Wenn sie aufwachen, werden sie Hunger haben. Male ihnen bitte deine Lieblingsspeisen auf den großen Teller, das Dach oder in die Umgebung. Du kannst Bilder auch aus Zeitschriften ausschneiden und hier aufkleben.

Rembrandt

Rembrandt meets Warhol

1. Zur Sachanalyse

Rembrandt wurde am 15. Juli 1606 am Stadtrand von Leiden in Holland geboren. Sein Vater Harmen besaß eine eigene Mühle und war in Leiden ein recht angesehener Mann. Da die Mühle am Rhein lag, trug die Familie den Namenszusatz *van Rijn* (vom Rhein) und der kleine Rembrandt den Namenszusatz *Harmenszoon* (Sohn des Harmen). Die Handwerkerfamilie van Rijn konnte es sich leisten, den kleinen Rembrandt auf eine Lateinschule zu schicken, die den Sprössling allerdings überhaupt nicht interessierte. Von klein auf trug er den Wunsch in sich, Maler zu werden, und setzte sich damit auch bei seinen Eltern schließlich durch. Mit 13 Jahren begann Rembrandt eine dreijährige Malerlehre bei einem stadtbekannten Maler, der ihm die Grundregeln der Farbenlehre, verschiedene Techniken und ein Basiswissen zur Anatomie des Menschen lehrte. 1624 absolvierte Rembrandt ein sechsmonatiges Praktikum bei einem Maler in Amsterdam. Mit 18 Jahren kehrte der junge Künstler schließlich nach Leiden zurück, wo er sich im Haus seiner Eltern eine eigene Werkstatt einrichtete und in erster Linie Historienbilder und biblische Motive malte. Recht schnell fiel Rembrandts Begabung auf. Immer mehr Leute interessierten sich für seine Bilder, kauften diese und per Mundpropaganda wuchsen der Ruf und der Ruhm des jungen Malers rasch. Aus diesem Grund zog es ihn nun in die Hauptstadt Amsterdam, denn dort wohnten die einflussreichsten und wohlhabendsten Bürger der Niederlande, die er sich als zukünftige Kunden wünschte. 1632 siedelte er nach Amsterdam um und heiratete zwei Jahre darauf seine große Liebe Saskia, die Nichte eines bekannten Kunsthändlers. Man kann die folgenden Jahre durchaus als Rembrandts goldene Jahre bezeichnen: beruflich sehr erfolgreich, glücklich verheiratet, ohne finanzielle Sorgen und in Amsterdams Gesellschaft angesehen. In diesen Jahren entstand 1642 Rembrandts berühmtestes Gemälde: *Die Schützenkompanie des Hauptmanns Frans Banning Cocq*, besser bekannt unter dem Namen *Die Nachtwache.* Dass alle Welt dieses Bild zumeist „Nachtwache" nennt, geht auf das Nachdunkeln der zahlreichen Firnisschichten zurück und nicht etwa auf einen Abmarsch bei „Nacht".
Im gleichen Jahr verabschiedete sich das Glück aus seinem Leben. Ein unaufhaltsamer, tragischer Abstieg begann. Nach der Geburt ihres gemeinsamen Sohnes Titus starb Saskia 1642 im Alter von nur dreißig Jahren. Rembrandt litt unsagbar unter diesem Verlust. Zudem musste er sich nun alleine um sein großes Haus und seinen kleinen Sohn kümmern. Nach Saskias Tod lebte Rembrandt ab 1647 mit Hendrickje Stoffels zusammen; 1654 wurde ihre gemeinsame Tochter Cornelia geboren.
Verluste bei Handelsgeschäften und finanzielle Schwierigkeiten führten 1656 dazu, dass Rembrandts gesamter Besitz – auch das Haus, in dem sich sein Atelier befand – verkauft werden musste. Der endgültige Bankrott!
Rembrandt zog daraufhin mit seinem mittlerweile sechzehnjährigem Sohn Titus, Hendrickje und ihrer gemeinsamen kleinen Tochter Cornelia in ein kleines Haus am Stadtrand. Hendrickje starb 1663 und nur fünf Jahre später verlor Rembrandt auch noch seinen über alles geliebten Sohn Titus. 1669 starb der weltbekannte Maler als einsamer, verarmter und gebrochener Mann.
Wie bei vielen anderen berühmt gewordenen Malern weist auch Rembrandt eine spannende und zugleich tragische Biographie auf, die sich in seinen Gemälden und in seinen über achtzig Selbstporträts widerspiegelt. Ein Verständnis seines Werkes ohne Kenntnis der wichtigsten Stationen seines Lebens ist kaum vorstellbar.

2. Zur didaktischen Analyse

Alte Meister für Kinder auf eine interessante, spielerische und begeisternde Weise näher zu bringen ist nicht immer leicht, denn oft haben die Motive und die Maltechniken sehr wenig mit dem künstlerischen Talent eines Grundschulkindes zu tun. Dennoch gibt es Wege, die Begegnung mit diesen Kunstepochen spannend zu gestalten. Es muss nicht immer sein, dass Kinder am Ende einer solchen Unterrichtseinheit die Bilder eines berühmten Künstlers als kreative Anregung für eigene Bilder nutzen. Es geht auch anders, wie die hier dargestellten Unterrichtseinheit zeigen.

3. Verlaufsplanung (alle Jahrgangsstufen)

Rembrandt und Andy Warhol treffen sich in dieser Unterrichtsstunde. Wir haben dazu unsere Zeitreisemaschine genutzt und zwei Kinder als Rembrandt und

Andy Warhol verkleidet. Rembrandt zeigt dem Popartkünstler eines seiner über achtzig Selbstporträts: „Selbstbildnis mit Palette“, 1669.
Das Selbstporträt zeigt Rembrandt im Alter von 60 Jahren, zu der Zeit, als Hendrijke Stoffels starb. Typisch für Rembrandt sind die dunklen, fast verschwommen wirkenden Farben. Die Utensilien, die er in der Hand trägt, hat er nicht vollendet: seine Malpalette und seinen Pinsel. Sein äußeres Erscheinungsbild ist schlicht. Man spürt, dass die Zeiten des Glücks und des Erfolges längst vergangen sind.
Die Bedeutung der beiden großen Kreise an der Wand, vor der Rembrandt sitzt, ist bis heute nicht eindeutig geklärt.

Kunstbetrachtung: Rembrandt: Selbstbildnis mit Palette und Pinsel, um 1665 (s. S. 44); Andy Warhol: Marilyn Monroe, 1967 (s. S. 45)

Technik: Collage, Wasserfarbenmalerei

Material:
- Wasserfarben, Pinsel
- „Selbstbildnis mit Palette und Pinsel“ als Farbkopie und als verkleinerte Schwarz-Weiß-Kopien (6 pro Kind)
- „Marilyn“ als Folie
- DIN-A3-Zeichenpapier
- Klebstoff, Schere
- Verkleidung für das Rollenspiel: schwarzer Rollkragenpullover, Sonnenbrille, Mantel, Baskenmütze ...

3.1 Einstieg

Lehrererzählung:
Heute wollen wir einmal etwas Neues mit unserer Zeitmaschine ausprobieren: Wir werden Personen aus der Vergangenheit abholen und in eine andere Zeit mitnehmen.
Diesen Maler habe ich auf einer meiner Zeitreisen kennen gelernt. Er heißt Rembrandt.
Hier kommt er. Begrüßt ihn bitte recht freundlich.
Ein Kind (verkleidet zum Beispiel mit einem großen dunklen Mantel, die Haare etwas verwuschelt, eine Baskenmütze auf dem Kopf) betritt das Klassenzimmer, unter dem Arm trägt er in einer Mappe sein berühmtes Gemälde „Selbstbildnis mit Palette“.

3.2 Begegnung mit dem Kunstwerk

„Rembrandt“:
Guten Tag, mein Name ist Rembrandt van Rijn.
Ich komme aus Amsterdam, das ist die Hauptstadt der Niederlande. Heute bin ich mit eurer Zeitreisemaschine gereist und habe euch eines meiner berühmtesten Gemälde mitgebracht.
Das Bild wird für alle sichbar aufgehängt.
Das bin ich selbst als ich so ungefähr sechzig Jahre alt war. Da ging es mir übrigens schon nicht mehr so besonders gut. Meine erste Frau war ja schon sehr jung gestorben und meine Bilder waren nicht mehr so gefragt und immer weniger Leute wollten sie kaufen, sodass ich mein Haus, alle meine Bilder und meine sonstigen Lieblingsgegenstände verkaufen musste. Ich war also ziemlich arm, als ich mich hier selbst malte.
Meine Bilder sind einzigartig und weltberühmt geworden, denn ich malte auf eine ganz bestimmte Art und Weise. Entdeckt ihr, was ich damit meine?
Die Kinder äußern sich dazu:
- dunkle Farben
- wie verschwommen sind manche Dinge gemalt

Dieses Bild war kein Bild für einen Auftraggeber, deshalb habe ich manche Dinge auch einfach nicht fertiggemalt – einfach so. Seht ihr, welche Dinge ich meine?
Die Kinder äußern sich dazu:
- die Werkzeuge
- Palette und Pinsel

Was die Kreise im Hintergrund bedeuten? ... Ich kann mich nicht mehr daran erinnern. Was war das doch gleich ... Mein Gedächtnis ist halt doch nicht mehr das beste. Habt ihr eine Idee, was das gewesen sein könnte?
Die Kinder äußern sich spontan. Lassen Sie den Kindern dazu ausreichend Zeit.
Euer Lehrer hat mir versprochen, dass ich heute bei euch einen ebenso berühmten Künstler kennen lerne. Er hat vor 40 Jahren gelebt und zwar in New York, Amerika.
Mich interessiert natürlich sehr, wie man in der modernen Zeit malt und euer Lehrer hat mir gesagt, dass dieser Maler uns das zeigt.

3.2 Objektivierung

Als Nächstes betritt ein Kind (schwarzer Rollkragenpullover, eventuell Perücke, dunkle Sonnenbrille) den Klassenraum: In einer Mappe hat er sein Bild „Marilyn“ als Folie.
„Warhol“:
Hello Mr. Rembrandt, hi kids!
Ich heiße Andy Warhol, ihr könnt mich aber ruhig Andy nennen.
Ich kenne natürlich Mr. Rembrandt und seine Bilder. Und jetzt möchte Mr. Rembrandt wohl auch mal meine Bilder kennenlernen. Ich zeige ihm und euch heute Pop-Art, so wie ich 1960 gemalt habe.
Ich habe euch dazu ein Bild mitgebracht.
Den Kindern und Mr. Rembrandt wird das Bild „Marilyn“ gezeigt.
Gestaltungsmerkmale werden gemeinsam herausgearbeitet:
- einfaches Bildmotiv
- Bildmotiv: Idol der damaligen Zeit

- Reihung des Motives
- bunt
- verfremdet
- comichaft

Anschließend verteilt „Warhol“ die Kopien von Rembrandts Selbstbildnis an die Kinder mit dem Auftrag den Meister „Rembrandt“ im Stil eines Pop-Art-Bildes zu verewigen.

Schülerarbeit

Schülerarbeit

Die Kinder sollen am Ende der Stunde die Bilder dem von Warhol gegenüberstellen und diskutieren:
Schülerarbeiten – „Marilyn“:
Haben alle die Gestaltungskriterien beachtet?
Schülerarbeiten – „Selbstbildnis mit Palette“:
Wo liegen die Unterschiede?

Literatur:

Bockemühl, Michael: Rembrandt 1606–1669. Das Rätsel der Erscheinung. Köln 1991.
Davis, Thomas: Rembrandt. Belsazar. Hamburg 1995.
Zuffi, Stefano: Rembrandt. Köln 1999.

Rembrandt: Selbstbildnis mit Palette und Pinsel, um 1665

Andy Warhol: Marilyn Monroe, 1967
© Andy Warhol Foundation for the Visual Arts/ARS, New York 2003

Name:	Datum:	Kunst	

Das ist **Rembrandt** um 1633.

Er hat dieses Porträt von sich selbst gemalt.
Es hat wohl nie einen Künstler gegeben, der sich selbst so oft gemalt hat wie Rembrandt.

Male rechts dein Selbstporträt. Betrachte dich dazu aufmerksam im Spiegel.

Als eines seiner berühmtesten Bilder kann man wohl dieses hier bezeichnen: Die ganze Welt kennt es meist nur unter dem Titel „Die Nachtwache“. Rembrandt malte oft in dunklen Farben, sodass die Leute dieses Bild so nannten. Eigentlich heißt es ganz anders: „Die Schützenkompanie des Hauptmanns Frans Banning Cocq“.

Male es farbig an.

Pieter Claesz

Stillleben

1. Zur Sachanalyse

Stillleben sind Bilder, die leblose und unbewegte Gegenstände zeigen. Es gab sie bereits in der Antike. Auch aus dem alten Rom sind einige wenige Stillleben erhalten geblieben. Seine Blütezeit erreichte das Malen von Stillleben vor allem in den Niederlanden während des 17. Jahrhunderts. Seitdem ist die Stilllebenmalerei eine selbstständige Disziplin.
Die Gemälde von Blumensträußen und gedeckten Tischen wurden zu Statussymbolen des gehobenen Bürgertums. Man ließ das malen, was man hatte oder vielmehr was man auf dem Tisch hatte. Neue Impulse erhielt diese Malgattung durch seine Verbreitung in Spanien, Italien und Deutschland. Ein europäischer Vergleich von Stillleben lässt daher nicht nur interessante Einblicke in die Ernährungsgewohnheiten der verschiedenen Landesbewohner zu, sondern zeigt auch Wohlstand sowie besondere Vorzüge und Eigenheiten. Oft wurden auf die gedeckten Tische Gegenstände gemalt, die verschlüsselt den Bildbetrachter auf religiöse, ethische, moralische oder ähnliche Weisheiten hinweisen sollten. So symbolisierte eine wie zufällig auf dem Tisch liegende Uhr oder ein Totenkopf die Vergänglichkeit materieller Luxusgüter und die Endlichkeit des Lebens. Manche Gegenstände wiesen auch auf den Beruf des Bildbesitzers hin.
Das wohl berühmteste Blumenstillleben kennt wohl jeder: Vincent van Goghs Vase mit Sonnenblumen (1888). Auch die folgenden Kunstepochen griffen das Thema des Stilllebens immer wieder auf: Paul Cézanne (1839–1906) machte das Stillleben in der Epoche des sogenannten Neoimpressionismus zu einem seiner Hauptthemen.
Eingeführt hatte der Maler Robert Savery (1576–1639) diese Malgattung mit Blumenstillleben, die in den folgenden Jahren eine umfassende Weiterentwicklung erfuhren. Pieter Claesz ist einer der Vertreter der niederländischen „still leven“ des frühen 17. Jahrhunderts. Charakteristisch für diese Stillleben ist eine nüchterne Farbgebung und eine Beschränkung auf die Darstellung der Objekte in ihrer Form und Bedeutung.
Pieter Claesz wurde um 1597 in Burgsteinfurt geboren. Seit 1617 ist sein Aufenthalt im niederländischen Haarlem nachzuweisen, wo er bis zu seinem Tode am 1. Januar 1661 wirkte. Typisch für seine in der Regel schlichten Stillleben ist eine bewegte, aufgelockerte Anordnung der Objekte. Vielfache Überschneidungen bewirken einen Raumeindruck. Auffallend ist seine Priorität der Gegenstände gegenüber einer Vernachlässigung der Farbigkeit.

2. Zur didaktischen Analyse

Mit Pieter Claesz und einigen seiner Stillleben sollen in der Unterrichtseinheit die Kinder an diese Malgattung herangeführt werden. Hierbei sollen folgende Lernziele in den Mittelpunkt der Arbeit treten:

- die Merkmale von Stillleben sollen erarbeitet werden: Darstellung von unbewegten oder leblosen Dingen des Alltags
- Anordnung dieser Gegenstände auf einem Tisch und somit eine Zweiteilung des Bildgrundes
- erste perspektivische Erfahrungen durch teilweise Überschneidungen der Objekte und durch die Aufhebung der „gedachten“ Tischlinie, d. h. die Gegenstände „schauen über den Tischrand hinweg“
- die Gründe für das Malen von Stillleben sollen vermittelt werden: Darstellung von Reichtum und Luxus

3. Verlaufsplanung (1. bis 4. Jahrgangsstufe)

Kunstbetrachtung: Pieter Claesz: Stillleben mit Silberkanne und Hummer, 1641 (s. S. 52), Bankettbild mit Zinnkanne, um 1620–22 (s. S. 53)

Technik: Collage, Wasserfarbenmalerei

Material:
- Schere, Klebstoff
- Ausschneidebögen „Stillleben“ (s. S. 54 f.)
- DIN-A3-Zeichenpapier
- „James Stuart“ als Folie (s. S. 51)
- handgeschriebener Brief (vgl. S. 48)
- 2 „Stillleben“ von Pieter Claesz als Folie
- ggf. Schwarzweißfotokopien der Stillleben von Pieter Claesz (s. S. 52 f.)
- Wasserfarben, Pinsel
- Arbeitsblatt „Stillleben“ (s. S. 56)

3.1 Stillleben

3.1.1 Einstieg

Lehrererzählung:

Wir wollen heute mit unserer Zeitmaschine eine Reise in die Vergangenheit antreten und das England in der damaligen Zeit besuchen. Lehnt euch ganz entspannt zurück und konzentriert eure Blicke auf unsere Zeitmaschine (Zeitstreifen).
Die Reise geht 100 Jahre zurück, dann weitere 100 Jahre zurück und noch einmal 100 Jahre zurück. Jetzt sind wir bereits 300 Jahre zurück gereist und die Reise in die Vergangenheit geht noch weiter. Stopp, nun haben wir 500 Jahre hinter uns gelassen und sind im sogenannten späten Mittelalter gelandet.
In dieser Zeit lebt ein sehr, sehr reicher Mann in England – nicht ganz so berühmt und reich, wie der König seines Landes, aber es geht ihm einfach fantastisch gut.
Er wohnt in einem Schloss, hat fast 100 Diener, Köche, Putzfrauen, Gärtner, Kutscher, Stallburschen und noch viele andere Bedienstete.
Sein Name ist James.

Den Kindern wird das Bild von James Stuart gezeigt.
James Stuart war ziemlich stolz, auf alles, was er besaß. Das Einzige, was er noch nie erlebt hatte, war eine Reise ins Ausland. So wusste er nur von seinen Kundschaftlern und seinen Besuchern, dass Menschen in fernen Ländern anders wohnten, andere Kleidung trugen, anders sprachen und andere Dinge aßen als in England. Eines Tages erhielt James Stuart einen Brief aus einem fernen Land.
Den Kindern wird ein Brief mit einem Siegel gezeigt.
Ein Kind wird ermuntert Adressat und Absender vorzulesen:

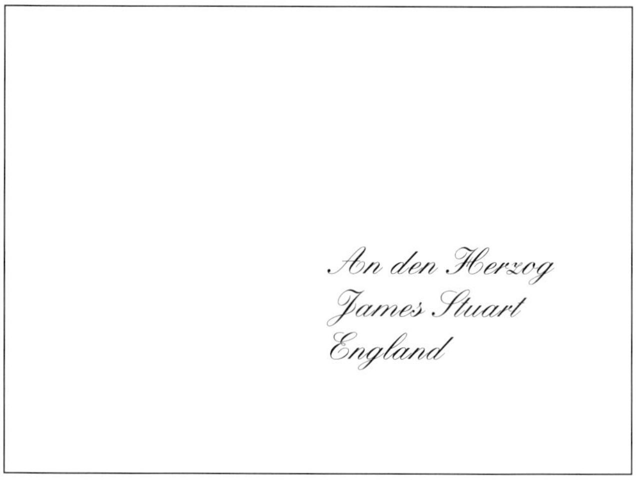

Ein Kind wird nun aufgefordert, den Brief zu öffnen. Ein (weiteres) Kind liest den Text vor:

Mein lieber Cousin James ,
ich hoffe, es geht dir gut.
Nach meinem langen Aufenthalt in Deutschland, hat es mich nun nach China verschlagen.
Nach einigen Wochen und Monaten habe ich mich endlich an dieses Land und seine Eigenheiten gewöhnt. Nicht nur, dass die Menschen hier anders aussehen und reden, nein, sie essen auch andere Dinge. Vieles ist nicht schlecht. Ich sehne mich jedoch manchmal an die Leckereien zurück, die wir beide in unserer Kindheit gemeinsam gegessen haben … Langsam vergesse ich allerdings, was es alles war. Wenn ich könnte, würde ich bald mal wieder nach England kommen, aber dies ist im Augenblick nicht möglich. Könntest du vielleicht mein Heimweh ein wenig lindern, indem du mir ein Bild mit lauter Köstlichkeiten zusendest?
Ich freue mich auf eine baldige Antwort.

Dein Cousin Hai Chi

P.S.: Man hat mir hier einen neuen Namen gegeben. Ich habe mich aber bereits daran gewöhnt.

Lehrererzählung:
James Stuart beschloss, dem Wunsch seines lieben Cousins nachzugehen und ihm ein Bild eines gedeckten Tisches nach China zu schicken.
Eine gute, aber nicht unbedingt zwingend erforderliche Unterstützung ist es, wenn Sie einen mit Brot, Käse, Wasserglas und Obstschale gedeckten Tisch (Schultisch) zuvor mit einer weißen Tischdecke verdecken und an dieser Stelle nun enthüllen.
Hmm, dachte James Stuart, da ich ja nun leider nicht malen kann, muss ich mir Hilfe holen.
Viele Maler malten das ganze Jahr über ständig Bilder für ihn. Sie malten James mit seinem Hund, James beim Reiten, sein Schloss und so weiter. Als sie ihren neuen Auftrag hörten, einen gedeckten Tisch zu malen, begannen sie sogleich mit der Arbeit.

3.1.2 Kennenlernen der Kunstwerke und anfertigen einer „Skizze"

Die Kinder beschreiben nun zunächst den gedeckten Tisch.

Lehrererzählung:
Die angestellten Maler von James Stuart betrachteten genau wie ihr zunächst einmal diesen gedeckten Tisch und überlegten sich dann als Erstes, wie sie diese Dinge nun auch auf den Tischen in ihren Bildern anordnen könnten.
James Stuart besucht also einige Tage später das riesige Atelier seiner Maler, um sich zu informieren, wie weit sie denn schon mit den Bildern seien.
Der Herzog betrachtet die Bilder, runzelt dann die Stirn und sagt: „Also so habe ich mir das eigentlich gar nicht vorgestellt.
Jetzt schaut euch doch mal diese Bilder an, die ich im Laufe der Jahre gesammelt habe. Eigentlich habe ich eher an so etwas gedacht! Der Mann, der diese Bilder gemalt hat, heißt Pieter Claesz."
Die Präsentation der Stillleben kann per Overheadprojektor/Folie erfolgen.

Hinweis:
Alternativ dazu können Sie je zwei Kindern die Stillleben als Fotokopie in die Hand geben.

Die Kinder sammeln nun Kriterien für die Anordnung der Gegenstände:

- einige Gegenstände schauen über den Tischrand hinaus
- einige Gegenstände stehen so vor- oder hintereinander, dass man nur einen Teil sehen kann
- der Tisch hebt sich auch farblich immer deutlich vom Hintergrund ab

Die Kinder erhalten die Ausschneidebögen „Stillleben".

Lehreranweisung:
Wählt einige Früchte und Gegenstände aus. Schneidet sie aus und ordnet sie neu an.
Die Kinder folgen dieser Arbeitsanweisung. Die „Entwürfe" werden anschließend anhand der Kriterien besprochen.

3.1.3 Objektivierung

Anschließend beginnen die Kinder, auf ihrem Zeichenblockpapier ihr eigenes Stillleben nach ihrer ggf. überarbeiteten Skizze mit Pinsel und Wasserfarben zu malen. Dabei kommt nun die Schwierigkeit der Farbgebung hinzu: Tisch und Hintergrund müssen farblich unterschiedlich gemalt werden.
Anschließend werden die Bilder gemeinsam unter Berücksichtigung der Kriterien betrachtet.

Schülerarbeit

Schülerarbeit

Schülerarbeit

Schülerarbeiten

Lehrererzählung:
Nun hat der Herzog James Stuart viele schöne Bilder für seinen lieben Cousin Hai Chi Stuart. Nun möchte er noch einen Brief an ihn schreiben. Dafür braucht der Herzog Ruhe und für uns ist es wieder an der Zeit zurückzukehren.
Die Zeitmaschine (Zeitstrahl) ist wieder für die Kinder präsent.
Langsam bereiten wir uns auf die Reise in die Gegenwart vor. Wir stellen das Jahr, den Monat und den Tag an unserer Maschine ein und begeben uns mit der Zeitmaschine wieder zurück in die Gegenwart. Schließt die Augen und kehrt mit mir zurück: erst 100, dann 200, 300, 400 und schließlich haben wir 500 Jahre geschafft. Wir haben das Klassenzimmer erreicht und ihr könnt nun ganz langsam die Augen öffnen.

Abschließend können die Kinder das Arbeitsblatt „Stillleben" bearbeiten.

Literatur:
Uhlig, Wolfgang: Stillleben. Lehrerheft. 1986

Antonis van Dyck: James Stuart, um 1635–38

Pieter Claesz: Stillleben mit Silberkanne und Hummer, 1641

Pieter Claesz: Bankettbild mit Zinnkanne, um 1620–22

Ausschneidebogen „Stillleben I“

Ausschneidebogen „Stillleben II“

Name:	Datum:	Kunst	

Stillleben sind stille, unbewegliche Bilder.

Auf diesem Stillleben kannst du noch etwas hinzumalen:

Stillleben haben Maler schon immer gemalt – bis heute!
Ein sehr bekannter Maler von Stillleben war Paul Cézanne. Er lebte von 1839 bis 1906. Hier siehst du eines seiner Stillleben.
Gib dem Bild Farbe!

Leonardo da Vinci

Das berühmteste Gemälde der Welt!

1. Zur Sachanalyse

Leonardo da Vinci, Mona Lisa – mit diesen Namen begegnen uns Superlativen: eines der größten Genies, das je gelebt hat, malte eines der berühmtesten europäischen Gemälde, welches heute in einem der bekanntesten Museen der Welt zu sehen ist. Wer je die Möglichkeit hatte, im Pariser Louvre die Mona Lisa zu bewundern, war vielleicht von der Größe des Bildes enttäuscht, sicher aber beeindruckt von der Masse der Besucher, die täglich in den Raum stürmen, in dem Leonardo da Vincis berühmtes Porträt hängt. „So schön wie Mona Lisa" ist eine Bezeichnung, mit der man seit Jahrhunderten attraktive Frauen umschreibt. Bing Crosby, Frank Sinatra, Nat King Cole, Willie Nelson, Sam Cooke, Julio Iglesias ... die Zahl der bekannten Sänger, die Mona Lisa-Songs in ihrem Repertoire haben, ist schier endlos lang.
Die meisten Betrachter des Bildes bewundern das einmalig anmutige Lächeln der Mona Lisa. Aber wissen Sie eigentlich auch, warum Mona Lisa so bezaubernd mit verschlossenen Lippen lächelte? Zahnpflege, Zahnmedizin und Zahnärzte im heutigen Sinne waren zur Zeit der Renaissance noch weitgehend unbekannt. Die meisten Menschen hatten daher frühzeitig schlechte und verfärbte Zähne und ließen sich aus diesem Grund ausschließlich mit geschlossenem Mund malen. Um das später so berühmte Lächeln auf Mona Lisas Gesicht zu zaubern, ließ Leonardo während der stundenlangen Sitzungen in seinem Atelier Musiker für die junge Frau aufspielen.
Vieles an Mona Lisa ist auch fast fünfhundert Jahre später noch „trendweisend": Ihre Schönheit verzichtet komplett auf Schmuck, was heute als CleanChic immer noch „in" ist. Ihre schlichte Frisur, die Raum für die Gleichmäßigkeit und Schönheit ihres Gesichtes lässt, kann man heute mit den klassisch einfachen Frisuren à la Grace Kelly und Audrey Hepburn vergleichen.
Leonardo da Vinci begann mit der Arbeit an dem Porträt im Sommer 1503 in Florenz im Auftrag des Ehemannes von Lisa del Giocondo. Es galt als ein Zeichen von Wohlstand, wenn man es sich leisten konnte, seine Gattin malen zu lassen. Die ersten beiden Ehefrauen Francesco del Giocondos waren jung gestorben. Lisa hatte ihm nun zwei gesunde Kinder geboren und das Porträt sollte daher seine Liebe zu ihr und seine Dankbarkeit zum Ausdruck bringen. Im April 1452 geboren, war Leonardo zu diesem Zeitpunkt 51 Jahre alt und hatte bereits Ruhm und Erfolg als Maler, Architekt, Bildhauer und Wissenschaftler erlangt. Obwohl das Malen nicht zu seiner künstlerischen Hauptbeschäftigung gehörte, nahm er den Auftrag für Lisas Gemälde an. Drei Jahre lang malte Leonardo an der *Mona Lisa*. 1506 ging er nach Mailand zurück, um dort für den damaligen Herrscher über Mailand, den französischen König Ludwig XII., als Ingenieur und Architekt zu arbeiten. Nach der Eroberung Mailands durch die Italiener 1512 ging Leonardo nach Rom, um dort für den Vatikan zu arbeiten. Seine damaligen Konkurrenten Raffael und Michelangelo zogen jedoch im Rennen um Ruhm und Anerkennung allmählich an ihm vorbei. So folgte er 1516 der Einladung des französischen Königs Franz I. nach Schloss Cloux, wo er 1519 starb. In seinem Nachlass fand man das Bild der Mona Lisa, das er – aus welchen Gründen auch immer – nie abgeliefert hatte.
Das Gemälde wurde zum Inbegriff der Renaissancemalerei. Die Epoche (Renaissance = Wiedergeburt) setzte sich intensiv mit der Antike und ihren klassischen Schönheitsidealen auseinander. Römische und griechische Architektur, antike Statuen und Münzen waren Vorbilder für die Kunst des 15. und 16. Jahrhunderts. Der Zugewinn zur Antike waren eine Reihe wissenschaftlicher und technischer Erkenntnisse, die auch die Kunst bereicherten: perspektivisches Malen, Leonardo da Vincis anatomische Studien und architektonische Fortschritte. Die Porträtmalerei überwand das ausschließliche Malen im Profil. Gesichter von vorne zu malen gelang nun zwar, das Gesicht und vor allem das Lächeln der Mona Lisa bleibt jedoch ein Beweis des genialen, zeichnerischen Könnens da Vincis. Bis heute haben viele Künstler versucht, ähnlich „lächelnde" Porträts zu malen oder die *Mona Lisa* nachzumalen. Wirklich gelungen ist so ein zauberhaftes Lächeln aber niemandem.

2. Zur didaktischen Analyse

Kunst ist ein Medium, das alle Menschen benutzen, um sich auszudrücken. Ihre Kunstwerke wiederum können Menschen unterschiedlichster Herkunft dazu anregen, zu diskutieren, gemeinsam zu betrachten und Meinungen auszutauschen. Ist man sich einig über die Schönheit eines Bildes, schafft dieser Umstand eine Einigkeit, eine Harmonie zwischen zwei Gesprächspartnern.
Leonardo da Vincis Mona Lisa schafft den seltenen Umstand, dass dieses Gemälde nicht nur so vielen

Menschen bekannt ist, sondern auch Einigkeit über Mona Lisas Schönheit herrscht. Über kaum ein anderes Bild der Kunstgeschichte sind so viele Lieder, Gedichte und Geschichten geschrieben worden. Auch heute inspiriert die Mona Lisa zu witzigen Verfremdungen (s. S. 62), zu Werbeideen usw. Die Tatsache, das „berühmteste Gemälde der Welt" kennen zu lernen, fasziniert und motiviert Kinder, mehr über das Bild zu erfahren und mit diesem Bild kreativ zu arbeiten.
Natürlich spielt hierbei auch die Tatsache, dass das Porträt das Lebensgefühl der Rennaissance widerspiegelt, eine große Rolle. Kindern kann hier vermittelt werden, dass vor fünfhundert Jahren das Wissen der Menschheit noch weit von unserem heutigen Stand entfernt war und die Mona Lisa daher umso mehr ein Meisterwerk des Malers ist.

3. Verlaufsplanung (alle Jahrgangsstufen)

Kunstbetrachtung: Leonardo da Vinci: Mona Lisa, 1504 (s. S. 60)

Technik: Malerei

Material:
- sehr helle Fotokopien im DIN-A3-Format der „Mona Lisa"
- „Mona Lisa" als Folie
- „Selbstbildnis" als Folie (s. S. 61)
- Marcel Duchamp: „L.H.O.O.Q." als Folie (s. S. 62)
- Fernando Botero: „Mona Lisa" als Folie (s. S. 62)
- Bunt-, Filz-, Wachsmalstifte oder Wasserfarben und Pinsel
- Stoff-, Wollreste u. a.
- Klebe, Schere
- Arbeitsblatt „Mona Lisa" (s. S. 63)

Vorbereitung:
Am Vortag erhalten die Kinder eine Fotokopie von Leonardo da Vincis „Mona Lisa". Verraten Sie den Kindern noch nicht den Namen der dargestellten Person und den Künstler.

Arbeitsauftrag:
Das ist eines der berühmtesteten Gemälde auf der ganzen Welt. Weil es so berühmt ist, kennt es natürlich jeder, oder sagen wir, sicher fast jeder. Ob das stimmt, könnt ihr heute nachmittag selbst testen: Nehmt das Bild und fragt Eltern, Verwandte oder Nachbarn, ob sie das Bild erkennen und wissen, wie es heißt. Ihr werdet sehen, die Frau, die darauf zu sehen ist, und den Künstler kennen fast alle Leute. Wenn ihr den Namen des Bildes und des Malers kennt, schreibt ihr diese unter das Bild (oder lasst sie darunter schreiben). Bringt das Bild zu unserer nächsten Kunststunde wieder mit.

Übrigens: Laut verschiedenster statistischer Erhebungen in vielen Ländern ist der Bekanntheitsgrad der Mona Lisa tatsächlich der höchste!

3.1 Einstieg

3.1.1 Kennlernen des Bildes

Zu Beginn der Stunde kommen die Kinder mit ihren Bildern in einem Sitzkreis zusammen. Sie können hier von ihren Erlebnissen und Erfahrungen beim Befragen der Leute zu dem berühmtesten Gemälde der Welt berichten. Den Namen der Dame – Mona Lisa – dürften alle nun bereits kennen. Der Name wird an die Tafel geschrieben.
Die Kinder gehen zurück an ihren Sitzplatz.
Ein nun folgendes genaues, intensives Betrachten des Bildes soll durch folgende Anweisung unterstützt werden:

Lehreranweisung:
Jeder versucht sich jetzt einmal so hinzusetzen, wie Mona Lisa auf dem Bild.
Den Kindern wird nun das farbige Bild präsentiert.
Die Kinder betrachten dieses und können sich dazu äußern.
Eventuelle Gesprächsimpulse:
- *Habt ihr eine Idee, warum dieses Bild so berühmt geworden ist?*
- *Was fällt euch an diesem Bild besonders auf?*
- *Wann könnte das Bild wohl gemalt worden sein?*

3.1.2 Kennenlernen des Künstlers und der Geschichte des Kunstwerkes

Zeigen Sie den Kindern das Selbstbildnis Leonardo da Vincis.
In den ersten beiden Jahrgangsstufen bietet sich für diese Phase eine Lehrerinformation über Leonardo da Vinci und Anmerkungen zu seinem berühmten Porträt an, die Sie der Sachanalyse (s. S. 57) entnehmen können. Richten Sie den Umfang/Dauer dieser Lehrerinformation nach dem Interesse der Kinder.
Für die Jahrgangsstufen drei und vier ist das Arbeitsblatt „Mona Lisa" vorgesehen. Die Kinder erhalten das Blatt und kreuzen eine für sie schlüssige Antwort zu der entsprechenden Frage an. Das Lösungswort heißt LÄCHELN.

3.2 Objektivierung

Den Kindern werden zwei weitere, moderne Darstellungen der Mona Lisa gezeigt. Die Kinder können sich spontan dazu äußern. Geben Sie den Kindern dazu ausreichend Zeit.

Schülerarbeit

Schülerarbeit

Schülerarbeit

Arbeitsanweisung:
Verändert eure Mona Lisa ebenfalls. Ihr könnt sie verkleiden, schminken, ihren Frisör spielen, sie modisch beraten, sie zum Faschingsball oder in den Winterurlaub schicken …

Tipp:
Eine schöne Art, die Bilder zu präsentieren, ist die folgende:
Wir haben je zwei „Mona Lisas“ zusammengeklebt, die Bilder gelocht, je zwei bis drei Bilder untereinander mit einem dünnen Bindfaden verbunden und als Mona-Lisa-Mobile an der Decke des Klassenzimmers aufgehängt.

Literatur:

David, Thomas: Leonardo da Vinci: Mona Lisa. Hamburg 1997.
Zöllner, Frank: Leonardo da Vinci. Mona Lisa. Das Porträt der Lisa del Giocondo. Legende und Geschichte. Frankfurt am Main 1994.

Leonardo da Vinci: Mona Lisa, 1504
© Louvre, Paris

Leonardo da Vinci: Selbstbildnis, um 1513

Marcel Duchamp: L.H.O.O.Q., 1919

Fernando Botero: Mona Lisa, 1978

Name:	Datum:	Kunst	

Mona Lisa

das berühmteste Gemälde der Welt

1. Wie lange malte wohl Leonardo da Vinci an diesem Bild?
O) 3 Tage
L) 3 Jahre
H) 13 Jahre

2. Warum lächelt Mona Lisa mit verschlossenen Lippen?
H) Sie war ein sehr trauriges und unglückliches Mädchen.
Ä) Sie hatte schlechte Zähne, die sie nicht zeigen wollte.
O) Sie hatte eine Zahnspange, die nicht gemalt werden sollte.

3. Warum ließ Francesco del Giacondo, der Ehemann von Mona Lisa, wohl dieses Bild von seiner Frau malen?
R) Er brauchte ein passendes Bild für sein Esszimmer.
C) Er wollte damit seine Liebe zu seiner Frau zeigen, die ihm zwei gesunde Kinder geboren hatte.
U) Er wollte ein berühmtes Gemälde haben.

4. Wo wollte Francesco del Giacondo das Bild seiner Frau aufhängen?
S) In seinem Arbeitszimmer.
R) Im Wohnzimmer.
H) Gar nicht, weil Leonardo da Vinci das Bild nie abgeliefert hat.

5. Wie viele Porträts von Mona Lisa hat Leonardo gemalt?
E) Nur dieses eine.
I) Vier. Jedes zu einer anderen Jahreszeit.
O) Er war so begeistert von ihr, dass er gar nicht mehr aufhören konnte.

6. Wo kann man sich heute das Original der „Mona Lisa“ ansehen?
N) In einem Museum in Deutschland.
K) Gar nicht mehr, denn es wurde bei einem Brand zerstört.
L) In einem berühmten Museum in Paris, dem Louvre.

7. Welche Berufe übte Leonardo da Vinci neben seiner Tätigkeit als Maler noch aus?
H) Goldschmied und Kupferstecher
N) Architekt und Bildhauer
R) Harfespieler und Zimmermann

Das Lösungswort bezeichnet das, was die Welt an diesem Bild besonders fasziniert:

Mona Lisas 1 2 3 4 5 6 7

Murillo

Kinder legen und fotografieren Muster

1. Zur Sachanalyse

Bartolomé Esteban Murillo wurde 1617 als letztes von 14 Kindern eines Arztes in der spanischen Stadt Sevilla geboren. 1628 starben seine Eltern und er wurde fortan von einer seiner Schwestern unter der Obhut eines Vormundes aus seiner Verwandtschaft großgezogen. Ein mittelmäßiger Maler, der mit einer seiner Schwestern verheiratet war, unterrichtete den sechzehnjährigen Murillo in religiöser Malerei. Einer seiner ersten erfolgreichen Aufträge war ein Bilderzyklus für das Franziskanerkloster in Sevilla. In Anlehnung an seine großen künstlerischen Vorbilder Velázquez und Zurbarán entwickelte Murillo seinen eigenen, unverwechselbaren Malstil: Seine Figuren sind mit warmen Farben und einem so genannten Sfumato (fließender, dunstiger Übergang von hellen zu dunklen Farben) gemalt, sie wirken freundlich, positiv und sympathisch, obwohl Murillo seine Heimatstadt in einer Phase des Hungers, der Pest, der Armut und Missernten erlebte. Wie kein anderer Maler seiner Generation setzte er sich mit Kindermotiven nicht nur auf seinen religiösen Bildern, sondern auch auf seinen Genrebildern auseinander. Murillo malte insgesamt zwanzig Genrebilder der Kinderwelt im damaligen Sevilla. Obwohl das Kinderleben damals weitaus härter und ärmer war als heute, zeigte Murillo durchweg Kinder beim Spielen oder Ausruhen, die einen unvergleichlichen Optimismus und eine hoffnungsbringende Lebensfreude vermitteln.
Murillo starb 1682 nach einem Sturz von einem Gerüst in Sevilla.

2. Zur didaktischen Analyse

Murillos Genrebilder scheinen Geschichten aus dem damaligen Alltag der armen Kinder auf Sevillas Straßen zu erzählen. Auf fast jedem Bild ist Nahrung (Nüsse, Brot und Obst) zu sehen, die in Zeiten des Hungers und der Missernte natürlich eine große Rolle spielte. Auch die Spiele unterscheiden sich selbstverständlich von denen der heutigen Zeit: Spielzeug gab es kaum, es wurde gewürfelt oder eine einfache Form des Boccias gespielt. Für viele Kinder, die an eine von konsum- und mediengeprägte Welt gewöhnt sind, sind solche Lebensumstände zwar zunächst schwer vorstellbar, bringen andererseits jedoch auch den Blick für das Wesentliche zumindest für einen kurzen Moment in unsere Klassenzimmer.
Ein typisches Genrebild Murillos, das gleichzeitig wohl auch eines seiner berühmtesten ist, lernen die Kinder in dieser Unterrichtsstunde kennen: „Buben beim Würfelspiel“ um 1675–1680. Auf dem Bild sind drei ärmlich gekleidete, schmutzige Jungen zu sehen. Zwei davon spielen ein Würfelspiel während der andere ein Stück Obst isst.
Anhand dieses Bildes treten die Kinder in die Vorstellungswelt einer Zeit vor 400 Jahren ein und sprechen über die Lebensumstände der Kinder damals und heute. Farben, Papier und Stifte konnten sich diese Kinder auf keinen Fall leisten, um sich künstlerisch auszudrücken. Dennoch gab und gibt es Möglichkeiten, kreativ mit Materialien ein „Kunstwerk“ herzustellen, die die Kinder damals zur Verfügung hatten. Eine solche Möglichkeit sollen die Kinder in dieser Stunde kennen lernen.
Vergleichbar ist die in dieser Stunde entstehende Kunst mit Naturmaterialien mit der moderner Künstler wie Nils Udo (Land Art) oder auch im weitesten Sinne mit Christo und Jeanne Claude.
Aus einfachsten Naturgegenständen (Steine, Blätter, Blumen, Holz) sollen in dieser Unterrichtsstunde Legebilder entstehen, die von Ihnen oder den Kindern anschließend fotografiert werden, um sie später ausstellen zu können.
Muster erfreuen sich bei allen Kinder seit ein paar Jahren schon im Kindergarten großer Beliebtheit. Den meisten Kindern sind auch bereits Muster bewusst begegnet. Muster können Sie im Klassenzimmer auf den Tischen legen lassen oder auf Tischdecken oder im Garten. Diese Unterrichtseinheit bietet sich auch während einer Wanderung, eines Klassenausfluges oder während des Aufenthaltes im Schullandheim zur Durchführung an.

3. Verlaufsplanung (1. bis 4. Jahrgangsstufe)

Kunstbetrachtung: Murillo: Buben beim Würfelspiel, um 1675–1680 (s. S. 67)	
Technik:	Legebilder und Fotokunst
Material:	• Blätter, Blumen, Steine … • Fotoapparat

3.1 Einstieg

Zu Beginn der Unterrichtsstunde zeigen Sie den Kindern die Farbfolie des Bildes „Buben beim Würfelspiel". Lassen Sie ihnen ausreichend Zeit zu einer intensiven Bildbetrachtung.

Noch spannender können Sie an dieser Stelle den Einstieg gestalten, wenn Sie das Bild in Ausschnitten erst allmählich vollständig aufdecken. Hierfür befestigen Sie einfach über der Farbfolie ein weißes DIN-A4-Blatt, aus dem Sie die Stelle(n) herausschneiden, die Sie zuerst zeigen wollen. Auf diese Art und Weise können Sie auf Dinge aufmerksam machen, die die Kinder ansonsten erst in einem Gespräch während der Betrachtung des Gesamtwerkes entdecken: Die zerlumpten Schuhe des einen Jungen, der zerbrochene Krug neben dem Obstkorb, die beiden Würfel und das daneben liegende Geld.

Folgende Impulse können das Unterrichtsgespräch unterstützen:

- *Vielleicht habt ihr eine Idee, was die zwei spielenden Jungen gerade sagen könnten.*
- *Schaut euch die Kleidung der Jungen einmal genau an. Was fällt euch auf?*
- *Sicher kennt ihr die Früchte in dem Korb – welche Früchte könnten noch in dem Korb liegen?*
- *Vermutet doch mal, in welchem Land das Bild entstanden ist. Betrachtet dazu die Kleidung und die Haarfarbe der Jungen.*

Lehrerinformation:

Das Bild hat vor fast vierhundert Jahren ein spanischer Maler gemalt, er heißt Murillo. Die drei Jungen lebten in einer Stadt namens Sevilla. Es waren damals recht ärmliche Verhältnisse, wenig Geld, wenig Lebensmittel, keine Bücher, keine Spielsachen so wie ihr sie kennt, keine Schule, kein Lesen, kein Schreiben … Und dennoch suchten sich die Kinder damals Freizeitbeschäftigungen …

3.2 Objektivierung

Drei Kinder platzieren sich vor der Klasse so, wie es auf Murillos Kunstwerk zu sehen ist: Zwei Kinder setzen sich zum Würfelspiel, ein weiteres steht daneben und erhält eine Frucht oder ein Stück Brot, von dem es abbeißt.

Die drei Kinder stellen sich vor:
Enrique: *„Mein Name ist Enrique!"*
Julio: *„Buenos dias, ich heiße Julio!"*
Diego: *„Holá, ich bin Diego!"*
Enrique zu Julio: *„He, ich habe eine vier und eine fünf, nicht schlecht, das musst du erst einmal schaffen, Julio!"*
Julio: *„Na, dann pass mal auf, jetzt bin ich an der Reihe!"*
Diego: *„Wie lange spielt ihr denn noch, ich möchte auch mal an die Reihe kommen, am besten ich würfel gegen den Gewinner! Ich langweile mich!"*
Enrique: *„Kleine Brüder können ganz schön anstrengend sein! Diego, warum legst du nicht ein schönes Muster!"*

In einem anschließenden Unterrichtsgespräch klären die Kinder, was Muster sind und dass sicherlich Muster mit den vorhandenen Materialien gelegt oder auch in den Sand gemalt wurden!

Partner- oder gruppenweise erhalten die Kinder verschiedene Obstsorten (eventuell in Körben), sowie Blätter, Steine, Stöckchen (die sie vor der Schule oder während der großen Pause gesammelt haben) und Geldstücke. Sie legen damit fantasievolle Muster. Hierbei bietet sich auch die Kreisform an, die die Kinder auch von den beliebten Mandalas her kennen.

Anschließend werden die Legebilder der Kinder fotografiert:

Schülerbeispiel einer 1. Jahrgangsstufe

Schülerbeispiel einer 1. Jahrgangsstufe

Schülerbeispiel einer 1. Jahrgangsstufe

Alternative:
Frottage: Unter einer Frottage versteht man ein Durchreibverfahren von reliefartigen Gegenständen.
Hier haben die Kinder Geldstücke verwendet und anschließend das Muster mit Holzkohlestücken (Grillkohle) durchgerieben.

Im Anschluss erhalten die Kinder das Arbeitsblatt „Murillo".

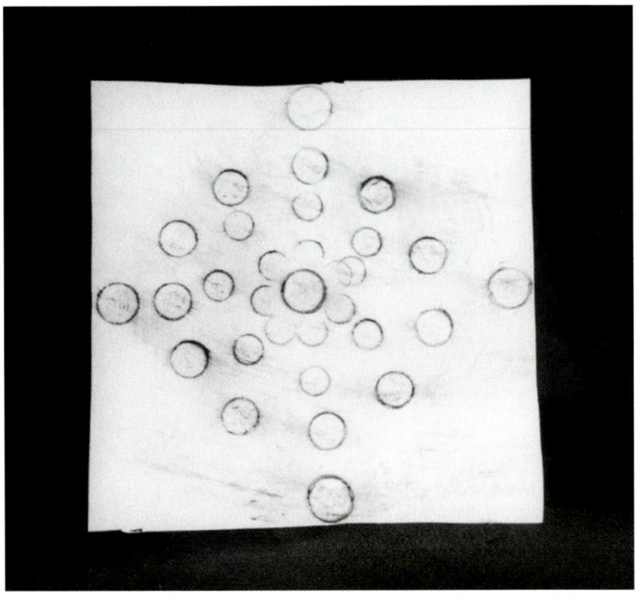

Schülerbeispiel

Literatur:
Murillo. Kinderleben in Sevilla. Katalog der gleichnamigen Ausstellung in der Alten Pinakothek München von Mai bis August 2001

Bartolomé Esteban Murillo: Buben beim Würfelspiel, um 1675–1680

Name:	Datum:	Kunst	

Bartolomé Esteban Murillo

wurde 1618 in Sevilla geboren.
Sevilla liegt in Spanien.
In seiner Geburtsstadt starb
der spanische Maler im Jahre 1682.

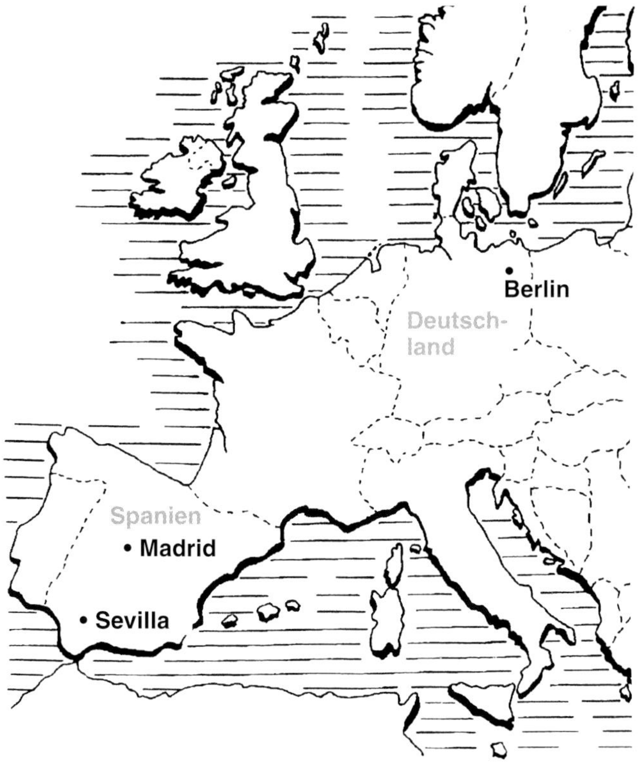

Unten siehst du ein weiteres Bild mit „Würfelspielenden Kindern“ und eine Fälschung. Kannst du die 6 Fehler finden, die der Kunstfälscher gemacht hat?

Original

Fälschung

Michelangelo

Ein Allroundman der Hochrenaissance

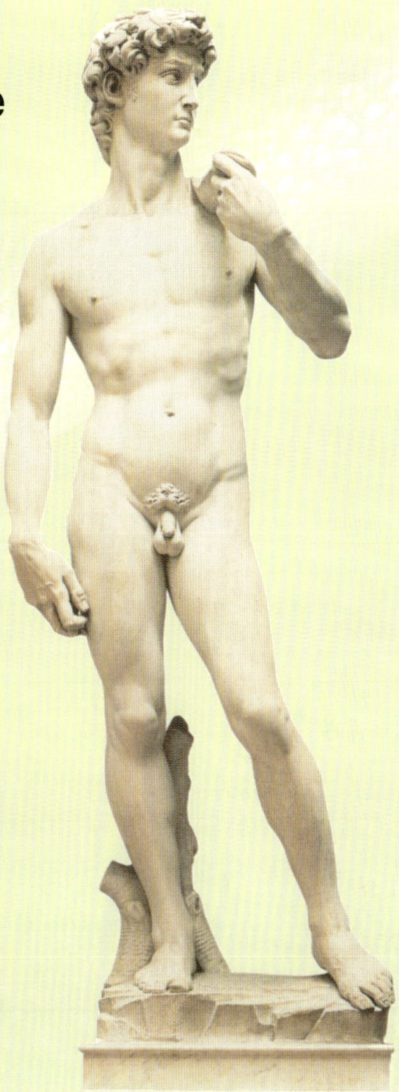

Michelangelos David

1. Zur Sachanalyse

Bildhauer, Architekt, Städteplaner, Freskenmaler, Wissenschaftler, Maler ... Michelangelo Buonarroti war einer der Hauptmeister der Hochrenaissance. Die Meisterwerke, die er geschaffen hat, sind auf der ganzen Welt bekannt: die Kuppel des Petersdoms und die Deckenfresken der Sixtinischen Kapelle in Rom, die Statue des David in Florenz ... Außerdem revolutionierten die Zeichnungen seiner anatomischen Studien am menschlichen Körper die Medizin.
Zeit seines Lebens galt seine Liebe der Bildhauerei. Schon zu Lebzeiten bezeichnete man Michelangelo hinsichtlich seines künstlerischen Talentes als den *göttlichen Michelangelo.*
Die Geschichte seines Lebens enthält kaum private Episoden und erzählt nahezu ausschließlich die Entstehungsgeschichten seiner Meisterwerke.
Michelangelo Buonarroti wurde am 6. März 1475 in Caprese (heute: Caprese Michelangelo) geboren. Im Alter von sechs Jahren verstarb seine Mutter. Viele Jahre seiner Kindheit verbrachte er daher bei Pflegeeltern, die eine Steinmetzwerkstatt führten. So entstand früh – zum Ärger seines leiblichen Vaters – Michelangelos Wunsch, mit Hammer und Meißel arbeiten zu wollen. Schließlich gab der Vater nach und Michelangelo begann der Überlieferung nach 1489 seine Ausbildung zum Bildhauer. Bei der berühmten Florenzer Familie Medici fand der junge Künstler Unterstützung und Förderung.
Später hielt sich Michelangelo auch oft im Leichenschauhaus eines Klosterkrankenhauses auf, um Skelett und Muskulatur des Menschen zu studieren und in Kohlezeichnungen festzuhalten. Zwischen 1501 und 1504 entstand die Statue des *David*, eine über 2,60 m hohe Marmorfigur, deren Perfektion und Schönheit zu Michelangelos wachsender Bekanntheit und Ruhm beitrug.
Auch in Rom war man auf den florentinischen Künstler aufmerksam geworden.
Einen Auftrag vom Papst zu erhalten galt zur damaligen Zeit als besondere Auszeichnung und eben diese wurde Michelangelo 1505 zuteil. Der damalige Papst Julius II. wünschte sich ein Grabmal, das Michelangelo für ihn entwerfen und bauen sollte. Michelangelo stürzte sich mit Eifer auf diese neue Aufgabe, die seinem Können als Bildhauer sehr entgegen kam. Über acht Monate verbrachte er im italienischen Carrara, um dort die schönsten und besten Marmorblöcke auszuwählen. Das gigantische Grabmal blieb jedoch unvollendet, da Papst Julius II. in der Zwischenzeit andere Ideen und Pläne verfolgte, die ihm wichtiger als sein Grabmal waren. Zutiefst enttäuscht reiste Michelangelo zurück nach Florenz.
1508 rief der Papst Michelangelo erneut nach Rom, um die Decke der Sixtinischen Kapelle von ihm bemalen zu lassen. Michelangelo galt als brillanter Bildhauer, der stets von sich selbst sagte, die Freskenmalerei sei nicht seine Sache. Noch enttäuscht von seinem letzten, gescheiterten Romaufenthalt fühlte sich Michelangelo verständlicherweise durch diesen Auftrag provoziert. Ablehnen konnte er ihn jedoch nicht, deshalb machte er sich daran, allen zu beweisen, dass er auch eine solche Aufgabe in von ihm gewohnter Perfektion und Monumentalität bewältigen könne. Viele bildhauerische Elemente, die von seinen anatomischen Studien herrühren, lassen sich in den gemalten Personen auf der Decke der Sixtinischen Kapelle wie-

dererkennen. Es gelang ihm ein Meisterwerk, das weltweit einmalig ist! Vier Jahre lang malte Michelangelo täglich in der Technik der Freskenmalerei ein 40 x 13 Meter großes Deckengemälde.
Im Anschluss an die Sixtinische Kapelle entwarf Michelangelo viele Gebäude und Freiplätze sowohl für Florenz als auch für Rom. Nicht zu vergessen ist zudem, dass Michelangelo Zeit seines Lebens zahlreiche Gedichte, Sonette und an die fünfhundert Briefe geschrieben hat. Zum Beispiel schildert er in einem Sonett seinen schlechten Gesundheitszustand, den er auf die unnatürliche Haltung zurückführt, in der er jahrelang auf dem Gerüst der Sixtinischen Kapelle gearbeitet hatte:

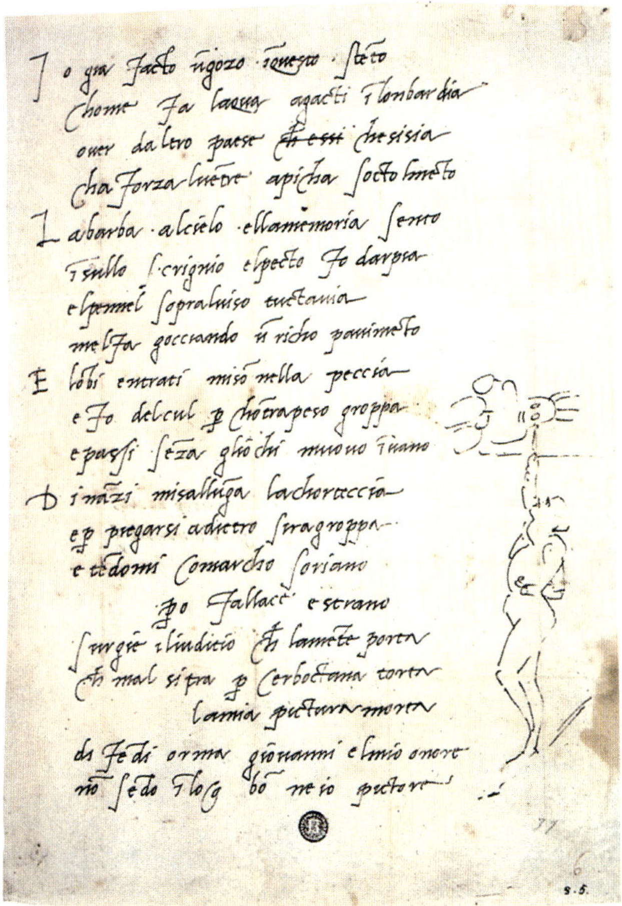

Die Müh hat mir schon einen Kropf gemacht
Wie's Wasser Katzen in der Lombardei,
Vielleicht auch anderswo, wo es auch sei,
Mein Nabel nähert sich dem Kinn mit Macht.

Der Bart steht himmelwärts, des Geistes Fracht
Fühl ich im Kreuz, mein Busen gleich dabei
Harpyenbrüsten, meine Pinselei
Träuft ins Gesicht mir reichste Farbenpracht.

Dieweil die Lende in den Wanst sich drängt,
Hält mir der Arsch das Kreuz im Gleichgewicht,
Und geh ich, kann ich meine Füß' nicht seh'n.

Vorn fühl ich, wie sich meine Schwarte längt,
Und hinten, wie es mir an ihr gebricht,
Weil ich mich wie ein Syrerbogen dehn.

Und wirr und seltsam gehn
Mir die schlechten Gedanken schon im Kopf herum –
Wer schießt schon grad, ist die Kanone krumm?

Stell dich, Giovanni, drum
Vor meine Ehr, mein totes Malwerk hin:
Hier geht's mir schlecht, weil ich kein Maler bin.

Aus: Michelangelo, Sämtliche Gedichte. Frankfurt a.M., Leipzig, 1992.

Sein Leben sowie seine Werke gehören zu den best dokumentiertesten seiner Epoche. Bereits zu Lebzeiten schrieb sein Bewunderer Giorgio Vasari eine Biographie über ihn. Michelangelo starb am 18. Februar 1564 im Alter von fast neunzig Jahren in Rom.

2. Zur didaktischen Analyse

Michelangelos Können mit Hammer und Meißel ist unerreicht. Seine Kunstwerke stehen für den Zeitgeist der Renaissance und das Genie eines einzelnen Mannes.
Die wuchtige, monumentale Ausstrahlung Michelangelos Fresken und Skulpturen ist auf die präzisen Studien der menschlichen Anatomie zurückzuführen und auf die fast fotografisch anmutende Wiedergabe der weiten, wallenden Gewänder und Tücher, mit denen der Künstler stets seine Figuren bekleidet, verhüllt und regelrecht verziert. Auch hier ist ein Grund zu finden, warum seine Deckenfresken in der Sixtinischen Kapelle bis heute den Betrachter in seinen Bann zieht: Die Figuren erreichen eine Plastizität, wie sie wohl nur ein Bildhauer mit seiner künstlerischen Erfahrung einem Bild geben kann.
In der folgenden Unterrichtseinheit sollen die Kinder zunächst die bekanntesten Werke Michelangelos betrachten und besprechen. Anhand der berühmten „Pietà", die sich im Petersdom in Rom befindet, greifen wir das Thema des Faltenwurfs auf und geben den Kindern einen Einblick in die vielfältige Vorarbeit, die so genannten „Studien", die die Künstler früher wie heute ausführen, bevor sie sich an die Arbeit zu ihrem eigentlichen Hauptwerk machen. Die Studie zu einem Faltenwurf entwerfen die Kinder als eine Stoffcollage selbst.

Hinweis:
Die Arbeit eines Bildhauers können die Kinder zumindest im Ansatz kennen lernen, denn dass wir in der Grundschule nicht Hammer und Meißel für die Bearbeitung eines Marmorsteines einsetzen, versteht sich von selbst. Im Baumarkt kann man für diese Bildhauerübung Ytong besorgen, der außerordentlich preisgünstig und so porös ist, dass die Bearbeitung des Steines auch für Kinder möglich ist. Hier sollen sie erste Erfahrungen machen, wie schwierig es tatsächlich ist, einen Stein so zu bearbeiten, dass eine erkennbare Form entsteht.

3. Verlaufsplanung (3. und 4. Jahrgangsstufe)

Kunstbetrachtung: Michelangelo: Pietà, 1498–1500 (s. S. 74)

Technik: Stoffcollage

Material:
- „Peterskirche“ als Folie (s. S. 73)
- „Pietà“ als Folie
- Arbeitsblatt „Michelangelo“ (s. S. 75)
- DIN-A3-Zeichenpapier
- Pappstücke (ca. DIN-A3-Format)
- Schere, Klebstoff, Teppichmesser
- Stoffreste (in dunklen Farben)
- eventuell Nadeln zum Feststecken
- Filz- und Bleistifte, Pinsel, Wasserfarben

3.1 Einstieg

Zu Beginn der Unterrichtsstunde zeigen Sie den Kindern ein Bild des Petersdoms in Rom.
Hier können Sie entweder die Vorlage verwenden und eine Farbfolie für den Tageslichtprojektor anfertigen oder auch einen Reiseführer aus Rom, einen Reiseprospekt, Italienbildband, Postkarten usw. einsetzen. In manchen Schulklassen kann hier eventuell sogar auch ein Vorwissen der Kinder zurückgegriffen werden, die schon einmal in Rom waren.
Mit den Bildern „gehen“ Sie sozusagen auf die Eingangstür des Petersdomes langsam zu und geben den Kindern dabei Sachinformationen zu dem Objekt.

Lehrerinformation:
Das ist die Peterskirche in Rom, der Hauptstadt von Italien. Sie ist eine der berühmtesten Kirchen der Welt, denn hier hält auch der Papst, das Oberhaupt der katholischen Kirche Gottesdienste. Er wohnt übrigens gleich nebenan.
Michelangelo, seit 1546 Bauleiter, führte den Zentralbau durch und entwarf und baute die gigantische Kuppel. Andere Baumeister haben die Kirche dann bis zum Jahre 1589 fertig gestellt.
Die Kuppel des Domes ist eines der Meisterwerke von Michelangelo. 132,5 m ist sie hoch und hat einen Durchmesser von 42 m. Michelangelo war der Erste, der eine so riesige Kuppel entworfen und gebaut hat. Vorher hätte niemand daran geglaubt, dass diese Konstruktion hält.
So, nun kommt einmal mit. Wir haben ja heute noch längst nicht alles gesehen, was ich euch gerne zeigen möchte.
Das ist eine der großen Eingangstüren des Petersdomes. Kommt, lasst uns mal in diese berühmte Kirche hineingehen.
Gleich, wenn wir in die Kirche gehen, seht ihr eine ganz berühmte Figur von Michelangelo.

Den Kindern wird die „Pietà“ gezeigt.
Die Kinder betrachten und besprechen diese Skulptur. Lenken Sie den Blick der Kinder bei dieser Statue bewusst auf den Faltenwurf, indem Sie das Bild auf dem Overheadprojektor langsam von unten nach oben aufdecken. Folgende Impulse können das Unterrichtsgespräch unterstützen:

- *Vielleicht hast du nun schon eine Ahnung, was Michelangelo wohl offensichtlich ganz besonders gut konnte? Falten gestalten, die aussehen, wie echt.*
- *Bestimmt kannst du dir schon denken, was an diesen Kleiderfalten, Gewändern so besonders ist? … Sie sehen aus wie echt. …*
- *Die Geschichte, die Michelangelo hier aus dem Marmorstein herausmodelliert hat, kennt ihr vielleicht aus der Bibel …*

3.2 Objektivierung

Lehrerhinweis:
Faltenwürfe musste Michelangelo vorher geübt haben, denn so einfach ohne Vorlage, kann man so etwas nicht malen und auch nicht aus dem Stein hauen. Wie er sich auf die Arbeit an diesem Kunstwerk vorbereitet haben könnte, wollen wir uns nun anschauen.
Vielleicht helfen die Materialien, die ich für euch vorbereitet habe …
Anhand der Materialien besprechen Sie nun bitte mit den Kindern die Arbeitsanweisung zum Faltenwurf.

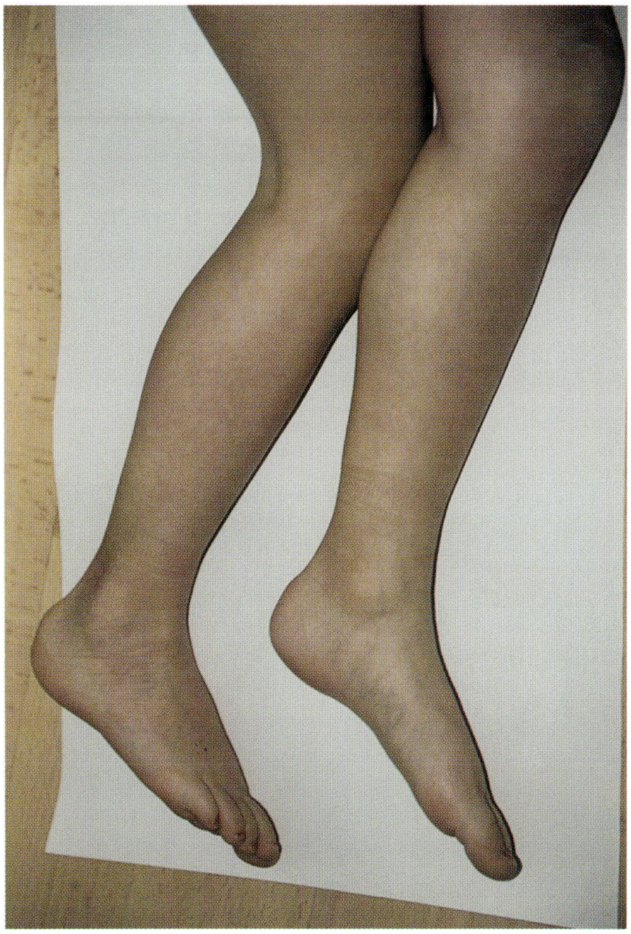

1. Schritt: Form der Beine nachspuren

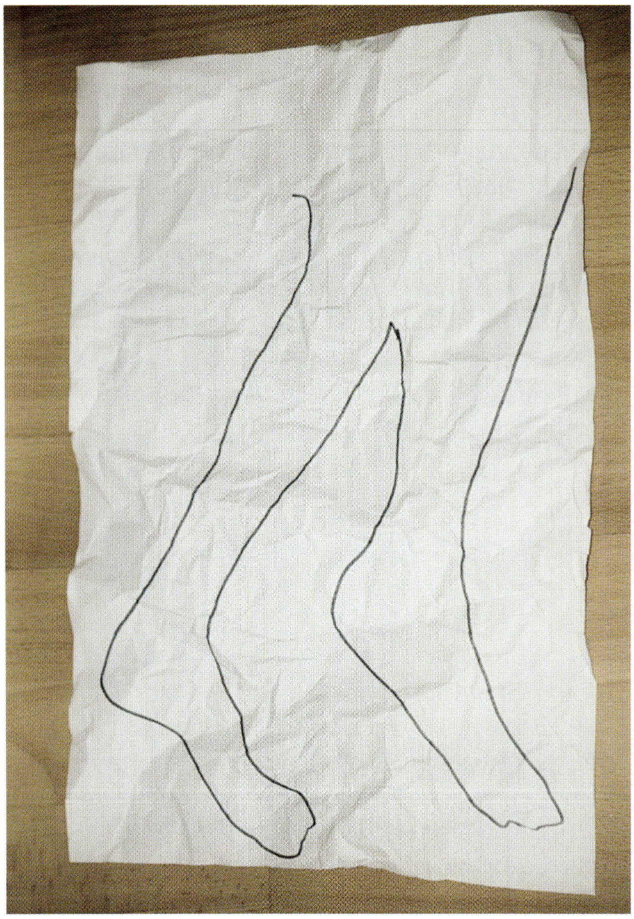

2. Schritt: Das Blatt zerknüllen

Der eigene Arm oder der Unterschenkel eines Partners wird als Zeichenvorlage auf das Papier gelegt und mit einem Bleistift umrandet.
Dann zerknüllen sie zuerst das DIN-A3-Papier, um dem Untergrund eine „Steinstruktur" zu geben.
Anschließend werden die Bilder gleichmäßig eingefärbt. Das Körperteil wird dunkel hervorgehoben.
Das Bild wird nun, um es zu stabilisieren, auf ein Stück Pappe aufgeklebt.
Mit einem Teppichmesser werden vorsichtig an zwei oder mehreren Stellen kleine Löcher hinein geschnitten, sodass Stoff hindurch gezogen werden kann. Der Stoff soll in großzügige Falten gelegt werden. Eventuell wird er noch mit Stecknadeln festgesteckt.

Die durch verschiedene Stoffe unterschiedlich fallenden Falten werden gemeinsam besprochen:
Welche Falten sind fein?
Welche Falten sind groß?
Wie schimmert das Licht auf den Falten?
Um das genaue Beobachten noch mehr zu schulen, können die Kinder im Anschluss dazu angehalten werden, einige Skizzen von ihren Faltenwürfen herzustellen.

Schülerarbeit

Schülerarbeit

Die Peterskirche

Michelangelo: Die Pietà, 1498–1500

Name:	Datum:	Kunst	

Das ist

Michelangelo Buonarroti.

Wer dieses Bild von ihm gemalt hat, weiß niemand. Michelangelo war einer der berühmtesten Künstler seiner Zeit. Er lebte in Italien von 1475 bis 1564. Am liebsten arbeitete er mit

Hammer

und Meißel.

Mit diesen Werkzeugen stellte er einmalige Statuen her. Eine davon kannst du unten sehen. Aus einem Block Marmor herausgehauen, ein genaues Abbild eines menschlichen Körpers.
Versuche, das Bein Davids, so heißt die Figur, fertig zu malen. Du wirst sehen, schon allein das Zeichnen eines menschlichen Körpers ist sehr schwierig.

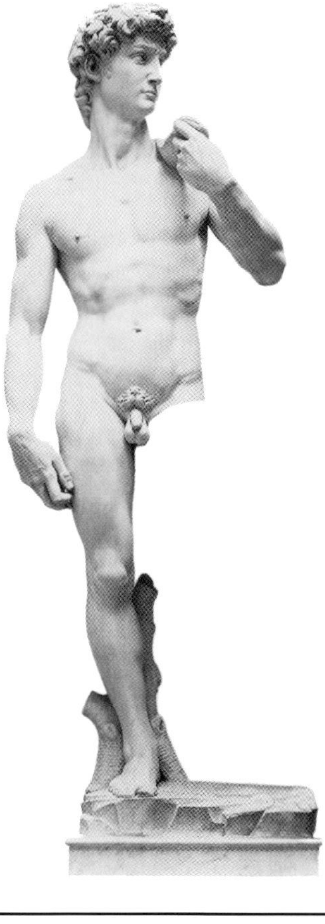

Michelangelo war auch ein toller Architekt. Die riesige Kuppel des Petersdomes in Rom hat er entworfen.

Raffael und Meister Francke

Ein Gespräch zur Einführung der Perspektive

1. Zur Sachanalyse

Das perspektivische Malen geht auf das frühe 15. Jahrhundert zurück. Bis zu diesem Zeitpunkt herrschten in der bildnerischen Darstellung hauptsächlich biblisch-religiöse Motive vor. Hier trat die dargestellte Figur bzw. Geschichte der Bibel vergrößert in den Vordergrund, um den christlichen Beweggründen eine eindeutige, zwingende Priorität zu geben. Erst allmählich entwickelte sich das Interesse, auch Umgebungen, Menschen, Landschaften und das Alltagsleben auf Bildern zu fixieren. Ein Beispiel für diese frühe religiös geprägte Kunst ist das Bild von Meister Francke (ein Teil des so genannten „Barbara-Altars" für die Kirche von Nykyrko in Finnland) „Das Heuschreckenwunder". Das Bild stammt aus dem frühen 15. Jahrhundert. Vom Maler weiß man nicht allzu viel, außer, dass er sein Leben als malender Mönch verbrachte. Geburts- und Sterbedatum sind nicht gesichert, wahrscheinlich um 1380 in Hamburg bis nach 1430. Der Maler hat hier dem, was er als besonders wichtig empfand, eine nicht der realen Perspektive entsprechende Größe gegeben: Die Schrecken verbreitenden Heuschrecken sind beinahe so groß wie die harmlosen Schafe – die hilflosen Bauern im Vordergrund kleiner, als die Retter zu Pferde im Hintergrund, die wie Riesen erscheinen.
Die konstruierte Zentralperspektive und ihre theoretische Begründung sind erst eine Leistung der Frührenaissance. Das Interesse der Renaissance an der Perspektive ist ein Zeugnis für die erstrebte Rationalisierung des künstlerischen Schaffens, das dem wissenschaftlichen Schaffen gleichwertig gegenüberstehen sollte.
Im Folgenden werden kurz die wichtigsten Prinzipien der so genannten Zentralperspektive aufgeführt:
Die Zentralperspektive ist dem natürlichen Sehprozess nachgebildet. Dinge erscheinen dem Betrachter mit zunehmender Entfernung kleiner, weil sich die Sehstrahlen in sich verengenden Kegeln auf das Auge zu bewegen. Der Begriff Zentralperspektive umfasst die Fähigkeit der Malerei, dreidimensionale Objekte auf einer zweidimensionalen Fläche so abzubilden, dass ein realistischer Eindruck von der Tiefe des Raumes entsteht. In einem zentralen Fluchtpunkt laufen in streng perspektivisch gemalten Bildern (gedachte) Linien zusammen und bewirken so die räumliche Dimensionierung der Fläche.

Raffael war einer der ersten Künstler, der nach relativ streng angewandten perspektivischen Prinzipien malte. Die Monumentalität seiner Darstellungen konnte erst durch die Erfindung der Perspektive erreicht werden.
Raffael Santi – eigentlich Raffaello Santi (Sanzio) – wurde vermutlich im April 1483 als Sohn eines Malers in Italien/Urbino geboren. Sein wahrscheinliches Todesdatum ist der 6. April 1520. Bereits zu Lebzeiten galt Raffael als begnadeter Künstler. In den nur 37 Jahren seines Lebens und Schaffens arbeitete er in Florenz, Urbino und Rom und hinterließ dort berühmt gewordene Spuren nicht nur als großartiger Maler, sondern auch als begabter Architekt.
Einen besonders hohen Grad der Bekanntheit erlangten seine perspektivisch gemalten Bilder. Eines davon, „Die Schule von Athen" (1509–1511) gilt als Raffaels bedeutendstes Werk. Die Philosophen um Platon und Aristoteles des klassischen Altertums sind hier in einem Gebäude mit mehreren nach hinten kleiner werdenden Torbögen abgebildet.
Im Auftrag des Papstes Leo X. bemalte Raffael im Vatikan die Wände einiger Räume. Neu war an seiner Malerei, dass er hier die Wände wie ein räumliches Bühnenbild gestaltete („Der Brand im Borgo", 1513–1520).
Zu seinen berühmtesten Werken gehört das Bild „Die sixtinische Madonna" (1512/13–16), das heute in der Dresdner Gemäldegalerie Alte Meister hängt. Die beiden kleinen Engelchen am unteren Bildrand sind dabei bekannter geworden als das eigentliche Gesamtwerk. Die kindliche Unschuld, die die beiden Engel ausstrahlen, steht symbolisch für die Darstellung der Reinheit des christlichen Glaubens. Da Babys als „Tabula rasa" galten, wurden Engel meist mit dem Körper Kleinstkindern („Kindchenschema) dargestellt, um so die Unbeflecktheit und den ganz und gar sündenfreien Glauben zu zeigen.

2. Zur didaktischen Analyse

Bis zum Erwachsenenalter durchlaufen Kinder in ihrem künstlerischen Schaffen ganz bestimmte Entwicklungsstufen. Die Bezeichnungen für diese einzelnen Stufen sind in der Fachliteratur nicht einheitlich. Zum Eintritt in die Grundschulzeit haben die Kinder die Phase der Kritzeleien und der so genannten Kopffüßler abgeschlossen und sind in der Regel auf dem Weg, in ihren Bildern alltägliche Situationen aus ihrem Leben sowie Dinge und Personen, mit denen sie sich momentan auseinandersetzen, zeichnerisch darzustellen. Ungefähr ab der dritten Jahrgangsstufe wachsen die Anforderungen seitens der Kinder hinsichtlich ihres Kunstunterrichts: Nun wollen sie zunehmend erfahren, lernen und ausprobieren, wie realistische Zeichentechniken funktionieren und eingesetzt werden. Die Möglichkeiten, Vordergrund und Hintergrund zu zeichnen, gewinnt nun an Interesse. Erste Erfahrungen mit Schattendarstellungen, Farbmischungen und die Probleme der Raumdarstellung können hier im Unterricht besprochen und umgesetzt werden.

Raffael als einer der ersten Meister der perspektivischen Darstellung bietet hier den Ausgangspunkt für folgende Lerninhalte:

- Die Kinder sollen den Zeitraum kennen lernen (vor ungefähr fünfhundert Jahren), in dem das perspektivische Malen zunehmend praktiziert und perfektioniert wurde.
- Die Kinder sollen außerdem an die Grundidee der Perspektive herangeführt werden, indem sie erste eigene Erfahrungen mit einer solchen zeichnerischen Darstellung machen.

3. Unterrichtsverlauf (3. und 4. Jahrgangsstufe)

Kunstbetrachtung:
Raffael: Die Schule von Athen, 1510–11 (s. S. 81),
Meister Francke: Das Heuschreckenwunder, um 1410 (s. S. 79)

Technik: Collage

Material:
- „Die Schule von Athen“ auf Folie
- „Das Heuschreckenwunder“ auf Folie
- „Raffaels Engel“ auf Folie (s. S. 80)
- Trophopp als vergrößerte Kopie (s. S. 82)
- 2 Overheadprojektoren
- DIN-A3-Zeichenpapier
- DIN-A4-Zeichenpapier
- Wasserfarben, Buntstifte, Filzstifte
- Schere, Klebstoff
- Fotokopiergerät

3.1 Einstieg

Das Klassenzimmer ist abgedunkelt. Ein Overheadprojektor ist in der üblichen Weise auf die Leinwand gerichtet, der andere Projektor ist auf eine andere Wand (oder Gardine) gerichtet.

Wenn Sie die beiden Projektoren so ausrichten und gleichzeitig im abgedunkelten Zimmer anschalten, soll für die Kinder annähernd die Illusion eines nächtlichen Museumsbesuches erzeugt werden. Pinsel Trophopp wird den Kindern präsentiert. Er erzählt:

Hallöchen, stellt euch vor, was ich letzte Nacht erlebt habe … Irre, ich war in einem Museum. Nachts wollte ich mich mit meinem Freund treffen, ich sage euch, da ist was los, das hätte ich im Leben nicht gedacht. Ihr braucht nicht denken, dass in manchen Bildern nichts los ist. Ha, im Gegenteil. Da ist Stimmung, da wird gelacht, geredet, diskutiert …

Lehrererzählung:
Heute schleichen wir uns ganz leise an einen Ort, an dem wir normalerweise zu späterer nächtlicher Stunde gar nicht sein dürfen. Heute schauen wir mal nach, ob das stimmt, was uns Trophopp erzählt hat. Leise, wir wollen uns ja nicht unbedingt erwischen lassen, denn das würde sicher länger dauern, bis wir dem Museumswärter erklären, dass wir richtige Kunstfans sind. Die Notbeleuchtung ist aus Sicherheitsgründen an. Ich bin gespannt, ob Trophopp Recht hat. Aha, in diesem kleinen Raum hängen zwei Bilder …
Die Bilder „Das Heuschreckenwunder“ und die „Engelchen“ von Raffael werden den Kindern parallel an den Overheadprojektoren präsentiert.
Die Kinder betrachten die Bilder und beschreiben, was sie auf den Bildern sehen.

Lehrererzählung:
Ihr wisst ja schon, wie man im Museum herausfindet, wie das Bild heißt und vor allen Dingen, wer es wann gemalt hat.
Die Kinder lesen den Text:

Maler: Meister Francke (ca. 1380–1430)
Barbara-Altar: Das Heuschreckenwunder, um 1410

Jetzt seid mal ganz leise, psssst, vielleicht reden die Bilder ja wirklich …

Anschließend lesen zwei Kinder das Gespräch der Engel vor:
Engel 1: „Also, so was hätte unser Raffael nie gemalt …“
Engel 2: „Nie, da stimmt so einiges nicht an diesem Bild …“

Lehrererzählung:
Schnell, Kinder, da kommt jemand, schnell in den nächsten Raum …
Die Overheadprojektoren werden kurz ausgemacht und eine Beleuchtung im Klassenraum angeschaltet.
Es folgt eine kurze Zwischenbesprechung:
Habt ihr vielleicht irgendeine Ahnung, was die Engel damit gemeint haben, was stimmt denn an diesem Bild nicht.
Die Kinder beschreiben das Bild „Das Heuschreckenwunder“ aus ihrer Erinnerung und stellen Vermutungen an, was die Engel wohl gemeint haben:

Die Figuren/Personen/Menschen haben nicht die richtige Größe …
Vielleicht wisst ihr auch schon, wo in einem Bild die größten Personen oder Gegenstände sein sollten und wo die kleiner gemalten.
An dieser Stelle wird das Vorwissen der Kinder zur Perspektive aufgegriffen:
Vorne stehen die großen Menschen und hinten die etwas kleineren, die ja weiter weg stehen und alles was weiter weg ist, wirkt auf den Betrachter kleiner.

Lehrererzählung:
Schnell Kinder, die Luft ist wieder rein, vielleicht haben die Engel noch mehr zu besprechen.
Das Licht wird wieder gelöscht und die beiden Overheadprojektor angeschaltet.
Die Engel setzen ihr Gespräch fort:
Engel 1: „Also das eine sage ich dir, da könnte unser Raffael dem Maler noch einiges beibringen … zur Perspektive meine ich. Davon hat der wohl noch nie was gehört."
Engel 2: „Äh, was war jetzt noch mal Perspektive?"
Engel 1: „Na hör mal, da ist unser Maler Raffael absolute spitze, denn er hat auch Bühnenbilder entworfen. Die vorderen Personen oder Gegenstände malt man am größten und alle, die weiter weg sind, natürlich kleiner. Im nächsten Raum sieht man das ganz deutlich an einem Bild von unserem Raffael."

3.2 Objektivierung

In der folgenden Phase wird den Kindern Raffaels berühmtes Bilde „Die Schule von Athen" (1509–11) präsentiert.

Lehrererzählung:
Es wird schon langsam hell, wir gehen besser, bevor wir noch erwischt werden, ich zeige euch das Bild, denn ich habe den Katalog des Museums.
Die Kinder betrachten das Bild zunächst ausgiebig.
Nach einer kurzen Zwischenbesprechung beginnen die Kinder folgende Eigenproduktion:
Auf einem DIN-A4-Blatt malen die Kinder Häuser, Bäume, Autos usw. Achten Sie bei der Arbeitsanweisung darauf, dass die Kinder hier möglichst gleich große Häuser oder andere Motive malen. Das wird ihnen später helfen, ihre Objekte besser ordnen zu können. Die Gegenstände können später angemalt werden.
Anschließend malen die Kinder einen geeigneten Hintergrund auf das DIN-A3-Zeichenpapier. Hier können eventuell schon farbig abgesetzte Hügel gemalt werden. Auf einen Himmel sollte möglichst verzichtet werden, da die Anordnung der Bilder so einfacher durchgeführt werden kann.
Von den Objektblättern der Kinder fertigen Sie nun jeweils verkleinerte Fotokopien an:

a) 75 %
b) 50 %
c) 25 %

Anschließend werden die verschiedenen Objekte ausgeschnitten, nach ihrer Größe sortiert und so aufgeklebt, dass vorne die größeren Objekte und nach hinten immer kleiner werdende sind.
Zum Abschluss dieser Unterrichtseinheit können Sie mit den Kindern anhand ihrer eigenen Produktionen noch einmal die Wirkung des perspektivischen Malens besprechen, sowie das Arbeitsblatt „Raffael" einsetzen.

Schülerarbeit

Schülerarbeit

Literatur:
Girardi, Monica: Raffael. Köln 1999.
Piper, David: Erlebnis Malerei. Bilder genießen und verstehen. Kehl 1999.
Seitz, Rudolf: Zeichnen und malen mit Kindern. Vom Kritzelalter bis zum 8. Lebensjahr. Würzburg 1987.

Maler: Meister Francke (ca. 1380–1430)
Barbara-Altar: Das Heuschreckenwunder, um 1410

Raffael: Die Sixtinische Madonna (Ausschnitt), 1512/13–16

Raffael: Die Schule von Athen, 1510–11

„Trophopp“

Name:	Datum:	Kunst	

Raffael und die kleinen Engel …

Das ist das Bild, von dem die meisten Menschen nur die zwei kleinen Engel am unteren Bildrand kennen.
Das Bild heißt „Die sixtinische Madonna“ und hängt in der Gemäldegalerie Alte Meister in Dresden.
Raffael hat es 1512/13–16 gemalt.

Schneide einige Sprechblasen aus.
Schreibe in die Sprechblasen, was die Personen vielleicht gerade denken oder sagen und klebe sie zur entsprechenden Figur.

Ausschneidebogen „Sprechblasen“

Ausschneidebogen „Sprechblasen“